Henri Le Saux · Abhishiktananda

Das Feuer der Weisheit

Henri Le Saux · Abhishiktananda

Das Feuer der Weisheit

Ein Benediktiner verbindet den lebendigen christlichen Glauben mit dem reichen spirituellen Erbe Indiens

2. durchgesehene u. erweiterte Auflage
hrg. von Bettina Bäumer und Christian Hackbarth-Johnson

EDITION
ADYAR

Zweite durchgesehene und erweiterte Auflage 2009

Erste dt. Auflage: Das Feuer der Weisheit. Ein Benediktiner verbindet den lebendigen christlichen Glauben mit dem reichen spirituellen Erbe Indiens. Übersetzung aus dem Französischen von Martin Kämpchen, Bern-München-Wien (Scherz Verlag) 1979.

Titel des Originals: Gñānānanda. Un maître spirituel du Pays tamoul.

ISBN 978-3-89427-489-4

Inhalt

Vorwort zur zweiten Auflage

Die Erfahrung von Swāmī Abhishiktānanda (Henri Le Saux) hat nach 30 Jahren nichts an Authentizität und Relevanz verloren, auch wenn seine Bücher im deutschen Sprachraum kaum noch präsent sind. Hingegen beweisen zahlreiche Publikationen in englischer und französischer Sprache, dass sein Einfluss noch gewachsen ist, wie eine neue Biographie beweist.[1]

Rückblickend auf seine Werke liebte er immer noch die Erfahrungsberichte, die in diesem Buch enthalten sind, während er gegenüber den spekulativen Versuchen, die Advaita-Erfahrung von Ramana Maharshi und Sri Gñānānanda mit seiner christlichen Theologie in Einklang zu bringen kritisch war.[2] Sowohl seine Begegnung mit Sri Gñānānanda, in dem er seinen Guru erkannte, wie die Berichte über seine Erfahrungen auf dem heiligen Berg Arunachala[3] führen in erzählerischer Form in die indische Spiritualität ein.

Swāmī Nityānanda Giri, der dem Sri Gñānānanda Niketan bei Tirukoyilur vorsteht, war Schüler von Sri Gñānānanda, und obwohl er Abhishiktānanda nie begegnet ist, hat er dieses Buch immer wieder empfohlen als Einführung in die Spiritualität des Meisters.

Möge es auch weiterhin Leser dazu inspirieren, den Weg in die Innerlichkeit zu gehen.

Gurupurnima
Der Vollmond des Guru Juli 2008
Bettina Bäumer

---

1 Shirley du Boulay, The Cave of the Heart. The Life of Swami Abhishiktananda, Maryknoll/New York (Orbis Books) 2005 (auch in französischer Übersetzung erschienen).

2 Vgl. Henri Le Saux (Abhishiktananda), Wege der Glückseligkeit, München (Kösel) 1995.

3 The Secret of Arunachala, Delhi (ISPCK) 1979 (Deutsch: Das Geheimnis des heiligen Berges, Freiburg i. Br. (Herder) 1989

Die Neuauflage dieses Buches wurde angeregt und möglich gemacht durch Swāmī Nityānanda Giri und dem Sri Gñānānanda Niketan Trust. Es ist eines von drei narrativen Büchern Swāmī Abhishiktānandas, in erster Fassung kurz nach den Ereignissen selbst im Frühjahr 1956 niedergeschrieben, damals aber vom Autor für unveröffentlichbar gehalten. 1963 findet es sich als erster Teil eines Typoskripts mit dem Titel *Secrets de l'Inde* („Geheimnisse Indiens"), wo es zusammengestellt wurde mit *Souvenirs d'Arounachala*, das die Begegnung des Autors mit Sri Ramana Maharshi, seine Aufenthalte am Arunāchala, Begegnungen mit Schülern Ramanas, u.a. mit Harilal (später bekannt unter Sri Poonja) erzählt, die sich in den Jahren zuvor (1949-1954) ereignet haben.[4] Die beiden Texte wurden mit einer Rahmenhandlung verbunden, welche der Pseudonomisierung dienen sollte, d.h. der Autor des Buches gibt Texte eines ungenannt bleibenden Autors wieder. Als er das Buch 1970 in Frankreich veröffentlichte – wobei Geldnot eine gewisse Rolle spielte –, überarbeitete er den Text, indem er ihn von der ersten in die dritte Person umschrieb und für den vorherigen Ich-Erzähler das Pseudonym *Vanya* wählte, das heißt auf Deutsch „Waldbewohner", in Anspielung an den gemeinsam mit Jules Monchanin im Jahr 1950 gegründeten christlichen Ashram *Shantivanam* („Wald des Friedens").

Der von Martin Kämpchen übersetzte Text der ersten Auflage wurde durchgesehen, ggf. korrigiert. In einem bibliographischen Anhang weisen wir auf eine Auswahl weiterer Werke des Autors sowie weiterführende Literatur hin. Darüber hinaus wurden in den letzten Jahren Filmarbeiten für einen neuen Dokumentarfilm über Henri Le Saux/Swāmī Abhishiktānanda als Pionier einer interreligiösen Spiritualität gemacht. Es besteht die Hoffnung, dass die nicht ganz einfache Arbeit zum Jubiläumsjahr 2010, in das der 100. Geburtstag Le Saux' fällt, fertiggestellt ist. Auch wird eine deutsche Ausgabe des spirituellen Tagebuchs Henri Le Saux' angestrebt, in

4 Siehe vorige Fußnote.

welchem die inneren Auseinandersetzungen des indisch-christlichen Mönches in sehr eindrücklicher Weise dokumentiert sind; das Tagebuch darf als eines der großen Zeugnisse christlich-mystischer Literatur bezeichnet werden, mit der Besonderheit, dass hier eine mystische Entwicklung im Kontext der Begegnung zweier Religionen geschieht. Insofern steht Le Saux spiritualitätshistorisch an einer Schnittstelle hin zu einer interreligiösen und wohl auch transreligiösen Spiritualität, die aber die Religionen keineswegs überflüssig macht, sondern in ihnen einen transzendenten und die religiöse Hülle transzendierenden Kern hervorleuchten lässt, der immer nur konkret und kontextuell, zugleich individuell und persönlich gehoben werden kann.

Wir danken dem Verleger Peter Michel für die Aufnahme des Buches in die *Edition Adyar*, sowie Herrn Martin Huber für seinen finanziellen Beitrag.

Am 16. September 2008
Christian Hackbarth-Johnson

Vorwort zur ersten Auflage

»Ich kenne ihn,
den großen Purusha[5] *von der Farbe der Sonne,*
jenseits der Finsternis!
Wer Ihn kennt, übersteigt den Tod,
kein anderer Weg führt zum Ziel.«

Śvetāśvatara Upanishad 3, 8

Dieser Ausruf des erleuchteten Sehers der Upanishaden war einer der Mantras, die Swami Abhishiktānanda immer wieder zitierte, weil er seiner eigenen Erfahrung am besten Ausdruck verleihen konnte. Er war als christlicher Mönch tief in die indische Spiritualität, besonders in die Erfahrung des Advaita eingedrungen und ist daher einer der wichtigsten Mittler zwischen östlicher und westlicher Spiritualität, deren wir gerade in der heutigen verwirrten Situation dringend bedürfen. Auf ihn trifft das zu, was R. Panikkar über die Notwendigkeit dieser Vermittlung zwischen den verschiedenen religiösen Welten schreibt:[6] »Ein zweifacher Weg wäre nötig. Auf der einen Seite brauchen wir den Kontemplativen, der sich nicht nur in eine der religiösen Welten vertieft hat und für den diese umfassendere Erfahrung kein interessantes Experiment ist, sondern eine schmerzhafte, wenn auch befreiende persönliche Erfahrung, und der zugleich die notwendige Fähigkeit und Intelligenz besitzt, sich in mehr als einem theologischen und religiösen System auszudrükken. Wir bedürfen ferner des Kontemplativen als Zeichen, daß in

5 Die Erklärungen aller unbekannten Begriffe finden sich im Glossarium.
6 »Aktion und Kontemplation« in: Meditation 4-1977, S. 11-12.

der Begegnung der Religionen und Kulturen die Harmonie nicht Gleichförmigkeit bedeutet...«. Ferner sagt er über die Bedeutung des Kontemplativen: »Überdies umfassen Herz und Verstand eines wahrhaft Kontemplativen mehr als einen privaten Traum. Es ist die Vorwegnahme eines wirklichen Zustandes. So hat der Kontemplative eine priesterlich-prophetische Aufgabe. Er meditiert inmitten von zuvor unversöhnlichen Ausgangspunkten und verwirklicht im voraus eine neue Epoche in seinem Innern, die eines Tages auch geschichtliche Rückwirkungen haben wird.« Diese Beschreibung trifft genau auf den Autor dieses Buches zu, der beide geforderten Eigenschaften in besonderer Weise besessen hat und der daher wie kaum ein anderer Kontemplativer unserer Zeit fähig ist, die Brücke zu schlagen zwischen indischer und abendländischer Geistigkeit.

In einer Fülle von Unauthentischem, von Versuchen auf beiden Seiten, sich gegenseitig zu beeinflussen, sucht man nach authentischen Zeugen dieser Begegnung, die in der Überzeugung vieler zu den wichtigsten Ereignissen des geistigen Lebens unserer Zeit gehört. Findet diese Begegnung nicht auf einer letzten spirituellen Ebene statt, in absoluter Ehrlichkeit seiner eigenen und der anderen Tradition gegenüber, so besteht die Gefahr, dass der Osten von den äußeren Errungenschaften westlicher Zivilisation, der Westen aber von einer Welle billiger Pseudospiritualität aus dem Osten überflutet wird. In dieser Situation hat das Leben Swami Abhishiktanandas eine paradigmatische Bedeutung.

Henri Le Saux wurde am 30. August 1910 in der Bretagne geboren, seine väterlichen Vorfahren waren Seeleute. Schon als Kind hatte er den Wunsch, Priester zu werden, und er trat sehr jung in das Priesterseminar ein. Im Alter von 19 Jahren bittet er um Aufnahme in das Benediktinerkloster St. Anne de Kergonan (seine jüngste Schwester wurde später Benediktinerin im Schwesternkloster). 1935 legt er seine ewigen Gelübde ab und wird Priester. Im Kloster wurde er wegen seiner kontemplativen Natur geschätzt, er gab auch Unterricht in Patristik. Als nach fast 20 Jahren monastischen Lebens in ihm die Sehnsucht nach einem noch kontemplativeren Leben in

Indien, im Anschluss an die hinduistische asketische Tradition (*sannyāsa*) wach wurde, kam er in brieflichen Kontakt mit Abbé J. Monchanin, der schon in Indien war und sich mit Ideen eines christlichen Ashrams nach dem Ideal der Hindu-Mönche trug. Als sie entdeckten, dass sie beide dasselbe Ideal anstrebten, bat Dom Le Saux um die Erlaubnis seiner Oberen, seine Berufung in Indien zu leben. 1948 verließ er sein Kloster und kam nach Indien, das er bis zu seinem Lebensende nie wieder verlassen sollte. Es war keine Flucht, denn er liebte das monastische Leben und geriet noch in den letzten Jahren seines Lebens in Ekstase, wenn er gregorianischen Gesang hörte. Es war vielmehr ein unwiderstehlicher Ruf nach einer größeren Askese und nach einer Begegnung mit der reichen und tiefen spirituellen Tradition Indiens. Gewiss war das Motiv zunächst auch ein missionarisches: Sowohl Le Saux wie Monchanin litten darunter, dass die Kirche in Indien nur einen sozialen und institutionellen Aspekt des Christentums vertritt und dass gerade in diesem Land der Kontemplation, der Askese und der Mystik die kontemplative und mystische Dimension des Christentums praktisch unbekannt ist. Es war ihnen beiden klar, dass Indien Christus nur wahrhaft begegnen wird, wenn es Christen geben wird, die eine spirituelle Erfahrung ausstrahlen. Dieses missionarische Ziel, Indien durch christliche Ashrams zu »christianisieren« (wenn auch im besten Sinn des Wortes), war noch stärker bei Monchanin ausgeprägt, wahrend Le Saux weit darüber hinausging. Die Erfahrung des Advaita hat ihn mit sich getragen, auf dem Weg »von dem es kein Zurück gibt«, wie die Upanishaden sagen.

Gemeinsam gründeten die beiden Mönche 1950 den Saccidānanda Ashram in Shantivanam bei Kulitalai, Südindien, der der Kontemplation der Trinität in den monastischen Formen des Hinduismus geweiht war[7]. Sie nahmen das orangefarbene Gewand von Sannyāsis und indische Asketennamen an. Le Saux erhielt den Namen Abhiṣikteśvarānanda, wörtlich »die Seligkeit des gesalbten Herrn«,

7 Siehe J. Monchanin/Henri Le Saux: Die Eremiten von Saccidānanda, Salzburg 1962

später abgekürzt zu Abhishiktānanda. Der Ashram war vor allem auch ein Zentrum der spirituellen Begegnung mit Hindus. Das Leben war durch äußerste Einfachheit und Askese gekennzeichnet. Der Ashram bestand zunächst nur aus zwei Strohhütten im Dschungel, die nicht geschützt waren gegen Überschwemmungen, Schlangen, Insekten, Affen usw. Zeitweise teilten auch andere das Leben und die friedliche Atmosphäre des Ashrams. Später wurde eine offene Kapelle im Stil der südindischen Dorftempel gebaut, als Zentrum der Anbetung und des Kultes auch für die benachbarten Dorfbewohner.

Die entscheidenden Ereignisse für Swami-ji (wie Abhishiktānanda von seinen Freunden genannt wurde) waren aber zunächst die Begegnung mit Ramana Maharshi (1949), kurz vor seinem Tod, dann lange Aufenthalte in den Höhlen des heiligen Berges Arunāchala und schließlich die Begegnung mit Sri Gñānānanda, in dem er seinen Guru erkennen sollte. Die Begegnung mit Ramana Maharshi war zu kurz gewesen und zu einer Zeit, als er noch nicht lange genug in Indien war, um die Bedeutung dieses Heiligen ganz zu erfassen. Dies geschah erst später, als er sich innerlich, in der Tiefe seines christlichen Bewusstseins, mit der Erfahrung Sri Ramanas auseinandersetzte[8]. Über seine Begegnung mit Sri Gñānānanda, einem der großen Advaitins unserer Zeit, der vor allem in Südindien sehr bekannt ist, berichtet dieses Buch, wenn auch unter dem Pseudonym »Vanya« (»der Waldbewohner«)[9].

1957 starb frühzeitig Abbé Monchanin (Swami Parama Arubi Anandam) und Swami-ji blieb Einsiedler. Er versuchte den Ashram mit seinen vielen Besuchern allein aufrechtzuerhalten. Es zog ihn aber immer mehr nach Norden, in den Himalaya, wo er eine noch größere Einsamkeit entdeckte. In Uttarkashi, mitten im Himalaya, fand er eine geeignete Atmosphäre für ein Leben der Kontemplation

8 Siehe Henri Le Saux: Sagesse hindoue – mystique chrétienne, du Védanta à la Trinité, Paris 1965

9 1968 in einem Brief: »Ich bin damit beschäftigt, in der dritten Person das, was ich ›Geheimnisse Indiens‹ genannt habe, neu zu schreiben.« Und 1970: »Um das Geheimnis des Guru zu kennen, muss man ihm begegnet sein, von ihm gefangen sein; der Blitzstrahl der ersten Liebe. Ohne Gñānānanda wüsste ich nicht, was das ist.«

in einem Milieu, in dem fast nur Sādhus und Sannyāsis leben. Zunächst teilte er sein Leben zwischen dem Süden und dem Norden, wobei er die langen Reisen auch dazu benützte, den Bitten kontemplativer Orden (v. a. des Karmel) und christlicher Ashrams um Exerzitien usw. nachzukommen. 1968 gab er Shantivanam endgültig auf und überließ es einer Gruppe christlicher Mönche von Kurisumala (Kerala) unter der Leitung von P. Bede Griffiths OSB. Er zog sich in eine Einsiedelei in Uttarkashi zurück, wo er meditierte und seine Bücher schrieb. In all den Jahren hatte er auch an einer Initiative zu Begegnungen zwischen Hindus und Christen teilgenommen, bzw. zu ökumenischen Begegnungen von Christen, die sich mit den heiligen Schriften des Hinduismus auseinandersetzen und gemeinsam darüber meditieren wollten.

Er selber drang immer tiefer in die Hindu-Spiritualität ein. Er trug auch innerhalb der Kirche Indiens dazu bei, dass sie in ihrer Spiritualität und in ihren liturgischen Formen mehr in der indischen Tradition Wurzel fasste, anstatt nur die lateinischen Formen zu übernehmen, die der indischen Seele fremd bleiben. Sein Beitrag ist aus dem nachkonziliaren *aggiornamento* der indischen Kirche nicht mehr wegzudenken.

In den letzten Jahren seines Lebens war es ihm geschenkt, einige Schüler zu haben, sowohl Hindus als auch Christen. Vor allem konnte er seine spirituelle Erfahrung an einen engen Schüler weitergeben, der von ihm zusammen mit dem Hindu Swami Chidānanda die Initiation eines Sannyāsi erhielt. Seine letzte Schrift ist auch diesem Ideal des Sannyāsa gewidmet[10] , in dem er einen Höhepunkt und gleichzeitig ein Transzendieren aller Religionen sah. Seine eigene Entwicklung hatte ihn zu einer größeren inneren Freiheit geführt, doch war sein Körper geschwächt durch die asketische Lebensweise und die vielen mühsamen Reisen. So erlitt er, nach Tagen der intensiven Einkehr mit seinem Schüler im Dschungel, am 14. Juli 1973 in Rishikesh einen Herzinfarkt, den er selber nur als

10 Abhishiktananda, The Further Shore, Delhi 1975. Dt. in Henri Le Saux – Abhishiktananda, Die Spiritualität der Upanishaden, München 1994.

sein »spirituelles Abenteuer« bezeichnete. Er war für ihn Anlass zu seiner höchsten mystischen Erfahrung, in deren Licht auch endlich seine Zweifel über den Konflikt zwischen christlicher Mystik und Advaita gelöst wurden. Das Licht war zu stark, es hat ihn in sich absorbiert. »Diejenigen, die ihn in den Monaten vor seinem Tod gesehen haben, bezeugen alle die Transparenz seines ganzen Wesens, eine Transparenz der *Gegenwart,* die Ausstrahlung seines Lächelns und seiner Augen, die denjenigen alles sagten, die zu hören verstanden ...«[11] Wenige Monate später, am 7. Dezember 1973, starb Swami Abhishiktānanda in Indore, wo er von Franziskanerinnen gepflegt wurde. Es war, in seinen eigenen Worten, sein »Erwachen im Schoß des Vaters«, das »Erreichen des anderen Ufers«, als Erfüllung seines ganzen Lebens. Er hatte nur mehr gelebt, um anderen seine Erfahrung weiterzugeben, um ihnen zu sagen, wie einfach letztlich alles ist, so einfach wie das Öffnen der Augen beim Erwachen...

Was an seiner Persönlichkeit so überzeugend und ansteckend war, war nicht nur seine tiefe Innerlichkeit und Transparenz, sondern gerade auch seine Menschlichkeit, seine Demut und nicht zuletzt sein Humor. Das Lachen gehörte immer zu den Begegnungen mit ihm: Wenn er sich z. B. nach einem stundenlangen Gespräch über das Schweigen und die Kontemplation bei dem Widerspruch entdeckte, dass er so viel über das Schweigen *geredet* hatte, brach er in ein befreiendes Lachen über sich selbst aus. Wenn man beim Abschied Zeichen der Traurigkeit zeigte, sagte er mit einem Lächeln und mit dem charakteristischen Augenblinzeln, mit dem er immer über die Erleuchtung sprach: »*Wer* verlässt *wen*?«

Er selbst war der schweigende Asket, dessen Hymne im Rig Veda er so liebte, von dem es heißt: »Er trägt die beiden Welten.« Er konnte mit den vedischen Asketen sagen: »Berauscht durch unsere Askese haben wir den Wind bestiegen. Ihr Sterblichen hier seht nichts anderes als unsere Körper!«[12]

---

11 Odette Baumer, Chronologie sommaire des principaux àvènements de la vie de Swami Abhishiktanânda (unveröffentlichtes Manuskript)

12 Rig Veda 10, 136, 1,3

Sri Gñānānanda überlebte ihn noch um einen Monat, sein Tod war der eines wahren Sannyāsī: Im Januar 1974 beobachteten seine Schüler, im Ashram in Tirukoyilur, dass der Swami drei Tage lang im Lotossitz in Samādhi blieb. Als sie nicht sicher waren, ob er noch lebte, holten sie einen anderen, erfahrenen Swami, der feststellte, dass der Samādhi schon in den Mahāsamādhi übergegangen war.

Es ist vielleicht notwendig, noch etwas zu der Spiritualität des Advaita im allgemeinen und zu dem geistigen Weg Abhishiktānandas im besonderen zu sagen, um die folgenden Seiten besser zu verstehen. Swami-ji schöpfte in seinem Nachvollzug der advaitischen Erfahrung aus zwei Quellen, die letztlich nur eine einzige sind: aus den Upanishaden einerseits und aus der Erfahrung und Lehre Sri Ramana Maharshis[13] andererseits, die zum großen Teil mit der von Sri Gñānānanda übereinstimmt. Worum es in dieser Erfahrung geht ist, das eigene wahre Selbst (Ātman) zu entdecken, das im Innersten, im Herzen, immer anwesend ist als der innere Lenker (*antaryāmin*), als das eigentliche und einzige Ich (*aham*). Der Ātman ist nicht mit dem kleinen egozentrischen Ich zu verwechseln (für das der Autor meist das Wort Ego gebraucht, um es von dem wahren Ich zu unterscheiden), denn er leuchtet erst in der Erfahrung auf, wenn das kleine Ego verschwunden ist. Er ist das Licht aller Lichter, so wie er der Seher des Sehens, der Hörer des Hörens, der Denker des Gedankens usw. ist, und er kann nie zum Gegenstand des Sehens, Hörens, Denkens usw. werden. Er ist ungeboren und todlos, weil er nicht mit dem Körper identifiziert werden kann. Alle diese weitgehend negativen Bestimmungen sollen verhindern, dass man den Ātman, bzw. das absolute Brahman, mit irgend etwas »Gemachtem« identifiziert. Denn »man erreicht das Ungeschaffene

---

13 Sri Ramana Maharshi lebte von 1879-1950. Vgl. Sagesse hindoue -mystique chretienne, a. a. 0., Henri Le Saux – Abhishiktananda, Das Geheimnis des heiligen Berges. Als christlicher Mönch unter den Weisen Indiens, Freiburg-Basel-Wien (Herder Verlag) 1989, und auch: Heinrich Zimmer, Der Weg zum Selbst, Zürich 1954 (neu aufgelegt in Diederichs Gelber Reihe).

nicht mit dem Geschaffenen« (Muṇḍaka Upanishad I, 2, 12). Wie kann man dieses Selbst, dieses wahre Ich dann überhaupt erfahren? »Vor dem die Worte umkehren, zusammen mit dem Denken, ohne Ihn zu erreichen – wer diese Seligkeit Brahmans kennt, fürchtet nichts!« (Taittirīya Upanishad 2, 9).

Von seltenen Ausnahmen abgesehen (Ramana Maharshi war selbst eine solche Ausnahme, da er keinen menschlichen Guru hatte), ist ein Guru nötig, um einen in die Tiefen des Selbst einzuführen. Nur ein erfahrener Guru kann das *tat tvam asi*, »Das bist du!« aussprechen, so dass der Schüler realisieren kann, dass dieses Mysterium, dieses Absolute, dieser Ātman, nicht etwas *anderes,* etwas *zweites* ist, sondern sein eigenes Ich im tiefsten Grund seines Bewusstseins. Methoden, auch der Meditation, haben keine große Bedeutung für diese Intuition, denn jede Methode ist wiederum etwas »Geschaffenes«. Die einzige »Methode«, die Ramana empfahl, war die der Hinterfragung des eigenen Ich (*ātmavicāra*). Wenn jemand sagte »ich kann nicht meditieren, ich kann mich nicht konzentrieren« u. a. m., fragte er immer zurück: »*Wer* ist dieses Ich, das nicht meditieren kann?« Wenn man durch dieses Fragen verschiedene Ebenen des Bewusstseins hinter sich lässt und immer tiefer nach innen dringt, dann leuchtet eines Tages das Selbst spontan auf. Und im Lichte des Selbst lösen sich alle Probleme!

Diese Botschaft, die Botschaft Gñānānandas, ist so wichtig, weil sie die spirituelle Erfahrung nicht mit irgendwelchen außergewöhnlichen psychischen Zuständen verquickt. In dieser reinen Luft kann sich kein Staubkorn der Selbsttäuschung halten. Die Erfahrung ist letztlich so einfach, weil sie nichts anderes offenbart als das, was IST. »Warum die advaitische Erfahrung in diesem oder jenem suchen, in dieser geistigen Haltung oder jenem Bewusstseinszustand? Gegenwärtig sein im gegenwärtigen Augenblick, so wie er ist, das ist die Erfahrung«, schreibt Abhishiktānanda in seinem Tagebuch. Auch die Askese und Loslösung bedeutet hier nicht die Anstrengung eines Willens, sondern, wie er weiter sagt: »Die vedantische Askese besteht nicht darin, etwas an die Stelle des eigenen Ich zu setzen, den Platz frei zu machen – was immer künstlich und erzwungen ist – sondern anzuerkennen, dass der Platz schon immer besetzt war, von Ewigkeit her. Das ›Ich‹, das sich darin eingerichtet hat, ist nur ein widerrechtlicher Besitzer und an dem Tag, an dem klar wird, dass der Platz schon besetzt ist, kann der Usurpator nicht anders als verschwinden.« (Tagebuchnotiz vom 18. 11. 1956).

Es ist noch verfrüht, etwas über die persönliche innere Pilgerschaft Abhishiktānandas zu sagen, die in ihrer absoluten Ehrlichkeit und Radikalitat vielen eine Hilfe auf ihrem eigenen Weg sein kann. Wir müssen uns hier auf einige Hinweise beschränken. Auf der einen Seite finden wir eine große innere Kontinuität in seiner spirituellen Entwicklung, eine Treue zu seinen ursprünglichen Intuitionen, vor allem seit den ersten Jahren in Indien. Auf der anderen Seite war sein Weg, vor allem die letzten Jahre seines Lebens, ein ungeheurer Aufstieg, eine wunderbare Befreiung von allen »Knoten des Herzens«, wie er im Anschluss an die Upanishaden so gerne sagte. Die größte innere Spannung, die er durchzustehen hatte, war der Konflikt zwischen seinem christlichen, ja kirchlichen, Glauben und der befreienden und unerbittlichen advaitischen Erfahrung. Er hat diese Spannung überwunden, nicht in einer billigen theoretischen Lösung oder indem er das eine zugunsten des anderen aufgegeben hatte, sondern in einer Erfahrung, die die Ebene der »Namen und Formen« (*nāmarūpa*) übersteigt. So schreibt er 1973 in seinem Tagebuch: »Derjenige, der mehrere geistige oder religiöse Sprachen kennt, ist unfähig, irgendwelche Formulierungen absolut zu setzen – seien es evangelische, upanishadische, buddhistische usw. Er kann nur eine Erfahrung bezeugen, von der er stammelt. Alle Formulierungen sind *upāsanas,* betende, kontemplative, demütige Annäherungen, Es gibt das *upāsana* des ABBA, das Jesus gelehrt hat. Es gibt das *upāsana* der Upanishaden. Sie widersprechen sich nicht. Derjenige, der es so weiß, weiß es.«

Er mahnte ständig, jenseits der Formen in der je eigenen Erfahrung zu der Gegenwart des Geistes vorzustoßen und er litt unter den Missverständnissen, denen diese Erfahrung ausgesetzt ist.

»Der Ruf des Geistes wird mehr und mehr jenseits aller Formen ergehen«, schreibt er in einem Brief 1970, »Aber wie viel ›Ersatz des Geistes‹ ist heutzutage auf dem Markt! Man ist verloren zwischen Säkularismus und falschem Spiritualismus. Man müsste einen Warnruf ausstoßen, der bis zum Grund der Herzen dringt.« Er selbst ist dieser »Rufer in der Wüste«, durch das Zeugnis seines eigenen Lebens. Die Beschreibung des Heiligen, die er in seinem Tagebuch gibt (21. 10. 1970), trifft auf ihn selbst zu: »Der Heilige ist derjenige, dessen Ego sich nicht mehr zwischen den Geist und den Körper stellt. Von seinem von allem Ego befreiten Körper breitet sich die Shakti (die göttliche Energie) frei aus, über die ganze Erde.«[14]

Ostern 1978
Bettina Bäumer

14 Eine Auswahl aus seinem geistlichen Tagebuch ist in französischer und englischer Sprache veröffentlicht: La montée au fond du coeur. Le journal intime du moine chrétien – sannyasi hindou :1948-1973. Sélection avec introduction et notes de R. Panikkar avec la collaboration de l'Abhishiktānanda Society, Paris (OEIL) 1986; Ascent to the Depth of the Heart. The Spiritual Diary (1948-73) of Swami Abhishiktananda (Dom H. Le Saux). A selection, edited with introduction and notes, by Raimon Panikkar. English translation by David Fleming and James Stuart, Delhi (ISPCK) 1998.
Ebenso in englischer und französischer Sprache gibt es, verfasst von James Stuart, eine Biographie in Briefen: Swāmī Abhishiktānanda: His life told through his letters, Delhi (ISPCK) 1989/2. durchges. Aufl. 1995; Le bénédictin et le grand éveil. La vie en Inde et le cheminement spirituel du P. Henri Le Saux (Swami Abhishiktānanda) 1910 – 1973, à travers ses lettres. Trad. franç. par R.M. Salen, Paris (R.M. Salen, Diff.: J. Maisonneuve) 1999.

Zur Transkription und Aussprache der Sanskrit-Worte

Zur Erleichterung der Aussprache wurden häufig vorkommende Namen und Worte nicht streng wissenschaftlich transkribiert (z. B. Shiva statt *Śiva,* gṛiha statt *gṛha),* die anderen Sanskritworte folgen der international üblichen Transkription.

Die Vokale werden offen ausgesprochen und entsprechen den deutschen Vokalen; Vokale mit Längenzeichen (ā, ī, ū) werden gedehnt ausgesprochen; *ṛ* (vokalisches r) mit nachfolgendem i. Aspirierte Konsonanten werden mit nachklingendem h ausgesprochen (z. B. Bhakti). j wird wie Deutsch dsch (weich) ausgesprochen, jñ (wie in jñana) wie Italienisch agnello (Franz. agneau). *ś* und *ṣ* sind Zischlaute, die ungefähr dem deutschen sch entsprechen (Englisch sh).

Einführung

Das immer stärker werdende Interesse, welches das Abendland dem Fernen Osten entgegenbringt, ist gewiss eines der hoffnungsvollsten Zeichen in der Krise, durch die die Welt gegenwärtig geht. Der abendländische Mensch hat tatsächlich viel von dieser geistigen und kulturellen Welt des Fernen Ostens zu lernen, dessen Entwicklung, verglichen mit seiner eigenen Kultur, auf so verschiedenen Bahnen verlief. Vielleicht kann er nur in ihr jene Innerlichkeit entdecken, die ihm so offensichtlich fehlt, und jene Identität wiedergewinnen, die er scheinbar verloren hat, doch dieses Mal eine Identität, die ihm die innerste Tiefe seines Wesens offenbart.

Dabei ist es keineswegs gleichgültig, welche Art von Kontakten dem Abendländer die geistigen Schätze des Fernen Ostens erschließt; es wäre noch unvernünftiger zu glauben, dass dieser Kontakt wie ein Allheilmittel wirken würde, das alle Übel, an denen unsere Gesellschaft leidet, kuriert. Orient und Okzident sind nämlich komplementär, beide haben gleich viel und auf den verschiedensten Gebieten voneinander zu lernen. Dieser Austausch wird aber nur dann wirklich fruchtbar sein, wenn er auf der richtigen Ebene geschieht, sonst wird man den Orient nie in Wahrheit erkennen. Auf jeder anderen Ebene besteht nämlich die Gefahr, dass der Austausch nicht ausgeglichen ist und in der einen oder anderen Weise schwere traumatische Erlebnisse hervorruft. Wir brauchen nur an die verheerenden Wirkungen zu denken, die die rücksichtslose Anwendung westlicher Techniken, seien sie noch so hoch angesehen, in einem nicht darauf vorbereiteten kulturellen Milieu verursacht hat. Ein wirklich fruchtbarer Austausch ist nur als eine Begegnung von Menschen, die bis in ihr tiefstes Wesen eindringen, denkbar. Nur in dieser Tiefe, die jedem Menschen eigen ist und in der doch jeder mit dem andern auf geheimnisvolle Weise verbunden ist, können Menschen unterschiedlicher Kulturen und Traditionen einander begegnen und erkennen, können ihre eigene, ganz persönliche Identität entdecken und gleichzeitig diesen wunderbaren Pluralismus unter den Menschen und Kulturen innerlich annehmen. Auf diese Weise lernen wir durch die Begegnung mit dem anderen uns zu entfalten und über uns selbst hinauszuwachsen.

Das Traurige ist, dass das Abendland oft eine falsche Einstellung hat, wenn es den Fernen Osten nach seinen Geheimnissen fragt. Manchmal, wenn auch immer seltener, begegnet das Abendland dem Orient noch mit jenem Hochmut, mit jenem rassischen und kulturellen Überlegenheitsgefühl, das für die Kolonialzeit charakteristisch war; selbstverständlich können daraus weder Gemeinschaft noch echter Austausch erwachsen.

Selbst wenn der Abendländer offensichtlich demütig und ernsthaft in dic Schule des Fernen Ostens geht, fällt er doch leicht falschen Hoffnungen zum Opfer und entwickelt häufig eine ungesunde Passivität. Er erwartet, ja verlangt sogar vom Orient, dass er ihm unverzüglich eine Antwort auf seine Probleme gebe, eine Antwort, die sich auch noch in den ihm gewohnten Kategorien mitteilen muss.

Gerade diese falsch verstandene und falsch begonnene Suche drängt viele junge und auch ältere Menschen auf die »Straße nach Kathmandu«, um den Weisen und Gurus in Rishikesh, Benares und anderen heiligen Orten zu Füßen zu sitzen, aber nur selten wird diese Sehnsucht vom Erfolg gesegnet. Weit häufiger endet sie in Enttäuschung und Frustration. Und die Betroffenen überhäufen Indien mit herber Kritik, weil es ihren Vorstellungen nicht entspricht.

Die meisten dieser Sucher vergessen, am Anfang ihre Seele von allem Unnützen und Fremden zu entblößen und sich jenen Tiefen zu öffnen, in denen allein die Botschaft Indiens vernommen werden kann. Diese Botschaft sprudelt noch überall in Indien hervor, in seinen Tempeln und Wallfahrtsorten und im Herzen seiner Heiligen, an denen es auch heute nicht fehlt; aber man muss der Botschaft zu lauschen verstehen und die wahren Meister kennenlernen. Es gibt zwei Arten von Passivität. Die eine ist ganz Empfangen und Aufnehmen, ganz »Hinhören«, wie ein Radio, das genau auf seinen Sender eingestellt und ohne jede Störgeräusche ist, bereit, die Schallwellen, die das Weltall überträgt, aufzufangen. Es gibt eine andere Passivität, und sie ist leider die häufigste, die sich jeder Bemühung um geistige Assimilierung entgegenstellt und es nicht einmal für notwendig hält, den Geist von seinen Vorurteilen und von seiner inneren Unruhe zu befreien: Wer sich nicht die Mühe macht, wenigstens die Rolläden zu öffnen, wie könnte der erwarten, dass die Sonne ins Zimmer eindringt?

Die einen, die Intellektuellen, wollen von Indien *Ideen* haben. Seit Platon und vor allem seit Aristoteles hat sich die mittelmeerische Welt dem Primat des *eidos* verschworen, des Denkens, der Begriffe. Sie vermag die Dinge nur durch die Vermittlung von Begriffen zu erfassen. Wie sowohl die Psychoanalyse als auch der moderne Strukturalismus deutlich gezeigt haben, sind alle Begriffe, und seien sie noch so abstrakt, sowie die Urteile, die sie begleiten, unvermeidlich von geistigen Strömungen bestimmt, die unterhalb der Schwelle unseres Denkens verlaufen: unsere Archetypen, unsere Sprachgewohnheiten, kurz alle Prägungen und Bedingtheiten durch unsere Erbanlage und Umwelt. Ohne sie könnte ohnehin niemand leben und sich entwickeln, weder menschlich noch spirituell.

Die besondere Gabe Indiens besteht darin, dass es diese Bedingtheiten, die »Knoten des Herzens«, wie die Upanishaden sie nennen, von Grund auf bewusst macht, indem auf das ganze Denken sozusagen der »Schatten« des Unbedingten geworfen wird, das jeder im innersten Grund seines Wesens in sich trägt.

Die indische Logik hat keinen Grund, die mittelalterliche Scholastik zu beneiden, denn im Spiel der Ideen und in den spekulativen

Disputationen zwischen den Schulen steht sie der europäischen Theologie in nichts nach. Doch sobald man etwas näher hinschaut, empfindet man deutlich, dass dies alles nicht wesentlich ist, dass dieser Streit der Gedanken nur der Wellenschlag auf der Oberfläche eines Sees oder eines Meeres ist; in der Tiefe ist das Wasser unbewegt und trägt doch alles andere, ist jede Diskussion und sprachliche Definition überflüssig geworden, die Tiefe ist von ihnen unberührt und ist doch das Fundament von allem. Hier in Indien ist die Nabelschnur zwischen der einzigartigen Erfahrung der Tiefe und der Vielfalt der Formen, in denen sich die Erfahrung auf verschiedenen mentalen Ebenen widerspiegelt, noch nicht zerrissen.

Wenn das Abendland von Indien nur Ideen will, wird seine Erwartung gewiss enttäuscht. Natürlich hat Indien genug Ideen zu vergeben, ebenso wie das Abendland. Seit fast dreitausend Jahren erforschen seine Philosophen das Mysterium jener Innenerfahrung im Licht der Heiligen Schriften und der Tradition. Diese Ideen entstehen – und seien sie noch so verschieden von denen des Abendlandes – dennoch auf derselben Ebene der Psyche. Sie führen höchstens in das Mysterium ein: Und dann beginnt das Geheimnis der Unterweisung durch einen Guru. Ideen enthalten oder umschließen in ihren Strukturen nicht *das Wahre,* wie das Abendland gern annimmt. Wer bei ihnen halt macht, verfehlt ihren Sinn. Niemand kann das Wahre wie einen Gegenstand besitzen oder zu seinen Zwecken ausnützen.

Die wahre Botschaft des Fernen Ostens – Vedānta, Buddhismus und Taoismus – ist anderswo zu finden. Das muss man unbedingt einsehen, damit ein Dialog und ein Austausch zwischen den so verschiedenen kulturellen und geistigen Sphären, die es in der Welt gibt, möglich werden. Dafür scheint die Stunde gekommen zu sein, und es ist eines der wertvollsten Merkmale unseres *kairos.* Das Christentum hat zwei Jahrtausende lang in den engen Grenzen der Mittelmeerkultur gelebt, und beide haben sich gegenseitig beeinflusst; ebenso hat sich die Kultur und Spiritualität des Fernen Ostens hinter geschlossenen Fenstern entwickelt. Für das Christentum und die östliche Weisheit ist der Augenblick endlich gekommen, die eigenen kulturellen Schranken zu überschreiten, und zwar nicht nur durch die Pioniertat einiger vereinzelter Initiierter oder Bekehrter, sondern auf eine viel weitere und tiefgehendere Weise; dabei müssen beide Kulturkreise hinnehmen, dass dieser Prozess der Universalisierung und Katholisierung die Form, welche die einzelnen, in sich begrenzten Kulturen ihren ursprünglichen Einsichten gegeben haben, notwendigerweise in Frage stellt.

Der wirkliche Auftrag Indiens ist, wie gesagt, den Menschen von jenen »Knoten des Herzens« zu befreien, von seinen falschen Identifikationen, aufgrund derer er die verschiedenen Manifestationen seiner Persönlichkeit auf der Ebene der Gedanken oder im gesellschaftlichen Leben für sein wahres Selbst hält. Der Beitrag Indiens ist, dem Menschen den Weg zu zeigen, wie er das tiefe und unbeschreibbare Mysterium seines eigenen Wesens erfassen kann, das Mysterium des Selbst, das »einzig und ohne ein Zweites« ist und sich dennoch in der Vielfalt der Erkenntnisse offenbart.

Und wiederum beginnt das Abendland zu spekulieren, wenn es Indien so sprechen hört, was denn das *Selbst* sei, was diese *Leere,* dieses *Nichts,* diese *Fülle* sei, wovon die Heiligen Schriften unermüdlich schreiben. Nun, eine *Fülle,* die gedanklich konzipiert ist, ist nicht mehr die *Fülle;* genauso sind *Nichts* und *Leere* nicht von dem, was das abstrakte Denken zu begreifen versucht. In gleicher Weise ist das erdachte *Selbst* nicht mehr das wahre *Selbst,* denn was bleibt von seiner Unveräußerlichkeit, wenn es einen *anderen* gibt, der das *Selbst* denken kann?

Der Abendländer gibt sich jedoch nicht geschlagen. Er versucht verzweifelt, das Nichtdenken an die Leere gedanklich zu erfassen. Er spekuliert und verausgabt sich in seiner Bemühung, zu verstehen. Er kann sich nicht damit zufrieden geben, einfach zu *sein,* einfach zu schauen, in sich aufzunehmen, was genauso einfach *ist.* Er verteidigt sich mit dem Hinweis auf die spekulativen Traktate der orientalischen Exegeten und vergisst dabei, dass für sie Spekulation nur diese eine Absicht hat, nämlich das Erwachen zur Wahrheit vorzubereiten, in der Seele die Sehnsucht nach Erlösung, nach dem Heil *(mumukṣutva)* zu wecken, dem letztlich einzig Wesentlichen auf Erden.

Der Abendländer verhält sich oft wie jener Mensch, der sich zu atmen weigert, bevor er die Luft in Stickstoff und Sauerstoff aufgeteilt hat, oder wie jener Mathematiker, der nicht mit einem einfachen Kreis zufrieden sein will und ihn nur anhand von immer komplexeren Vielecken denken und zeichnen kann.

Deshalb sind die Studien der Abendländer über die Erfahrung, z.B. des Vedānta, oft enttauschend und irreführend. So gelehrt und – theoretisch – so vollkommen sie uns auch erscheinen mögen, sie bleiben dennoch fast unvermeidbar akademisch und spekulativ. Ihnen fehlt immer jenes gewisse Etwas – ein Nichts oft, etwas Unausdrückbares. Es ist aber gerade dieses »Nichts«, das uns den Weg zur Quelle weist, zu dem Ort des Ursprungs.

In Indien gibt es nur Heilswissen. Doch dieses Heil durch Erkenntnis hat nichts mit Gnosis zu tun. Vielmehr bedeutet es, dass die Seele durch Askese in ihre eigene Wesensmitte zurückkehrt. Niemand kann die Botschaft Indiens wirklich »hören«, der nicht bis zum Grund seiner Seele von diesem Durst nach Erlösung (*mumukṣutva*) ergriffen ist, denn er allein kann uns zum wahren Verständnis führen.

Die einen nähern sich Indien als stolze Intellektuelle, andere kommen und suchen »innere Erfahrungen«. Sie schenken den mehr oder weniger romantisierten Berichten Glauben, hören von tatsächlichen, doch falsch interpretierten Begebenheiten und erwarten also, dass sie ihrem Guru hinter der nächsten Wegbiegung begegnen und er sie nur mit einem Blick oder einer Berührung in Ekstase versetzen wird. Sie erhoffen sich, was sie Visionen oder mystische Auditionen nennen, oder prosaischer, jenen »anderen Zustand«, der sie die gar zu beschwerliche Wirklichkeit vergessen lässt und ihnen die Genugtuung gibt, sich unter die spirituell Privilegierten rechnen zu dürfen.

Gewiss, Indien hat keinen Mangel an Menschen, deren Wirkungsmöglichkeiten und Kräfte ins Metapsychische hineinreichen; der Besitz dieser *siddhis* ist weitgehend für die Anziehung, die gewisse berühmte Gurus ausüben, verantwortlich, ganz zu schweigen von den Scharlatanen, die sie aus Geldgier und Ruhmsucht missbrauchen.

Doch die größten geistigen Meister ermahnen uns ständig, dass all das vollkommen zweitrangig sei und nichts mit der tatsächlichen geistigen Erfahrung zu tun habe. Einige Gurus machen von jenen Kräften Gebrauch, um ihre Schüler nach und nach an die geistigen Wirklichkeiten zu gewöhnen, doch müssen sie dann genau aufpassen, dass die Schüler nicht, zum Schaden ihres spirituellen Lebens, den Köder mit der Wirklichkeit verwechseln. Es kommt auch vor, dass Menschen mit einer bestimmten psychischen Konstitution auf Tiefenerfahrungen regelmäßig mit solch außergewöhnlichen Phänomenen reagieren, besonders wenn die Psyche zu schwach ist, einen solchen Schock zu ertragen. Doch soll man nicht vergessen, dass diese Phänomene als solche nicht spirituell sind, sie können ebenso gut von Drogen und verschiedenen geistigen Schockerlebnissen verursacht werden, oder aber von besonderen Atemübungen *(prāṇāyāma)* oder von yogischer Konzentration.

Es ist bedauerlich, dass sich allzu viele Menschen über Gebühr mit solchen Erscheinungen aufhalten und dass sie sogar ein System entwickeln wollen, bei dem die Normen des mystischen Fortschritts von notwendigerweise isolierten Erfahrungen abgeleitet werden. Selbst bei den größten und überzeugendsten Mystikern muss man stets ihre persönliche und kulturelle Bedingtheit in Betracht ziehen; ihre Beschreibungen können nur in ihren Grundzügen als universal gelten. Diesen Umstand sollte jeder im Auge behalten, der die spirituellen Erfahrungen in den verschiedenen Kulturen vergleichen will.

Die Erfahrung des Selbst entzieht sich dem Vermögen der Sprache wie auch allem Experimentieren. Es ist eine totale Erfahrung, die in die Tiefe des Seins hinabreicht oder genauer, die aus dieser

Tiefe des Seins entspringt und dabei gewissermaßen die Tiefe selbst erlöst und den ganzen, in seinem eigentlichen Ursprung berührten Menschen umwandelt. Wenn ein Mensch dieses Erlebnis hat, dann ist es sozusagen »um ihn geschehen«, jedenfalls in Hinsicht auf alle üblichen Möglichkeiten, sich auszudrücken und sich selbst zu verstehen. Das *Ich* seines phänomenalen Bewusstseins hat sich gleichsam aufgelöst. Sein *Ich* äußert sich nun in der Tiefe seines Wesens, die dem Denken unzugänglich ist und jeder Beschreibung widersteht. Sein begrenztes und in sich verschlossenes *Ego* ist von dieser unerbittlichen Flamme der Selbsterfahrung verzehrt worden. In ihm ist nun kein Raum mehr für die geringste Selbstsucht und Egozentrik.

Der Weise *(jñānī)* isoliert sich nicht von seinen Brüdern und versucht nicht, seinen Pflichten in der Familie oder in der Gesellschaft auszuweichen, etwa unter dem Vorwand, seine innere Einsamkeit bewahren zu wollen – es sei denn, er wird unausweichlich in dieses Schweigen geworfen. Dies widerfuhr zum Beispiel Ramana Maharshi, als seine Psyche sich an dieses blendend starke Licht gewöhnen musste. Genauso wenig aber stürzt sich der Jñānī in ein tätiges Leben (*karma*) unter dem Vorwand, den Mitmenschen seine Erlebnisse mitzuteilen. Frei und auf souveräne Weise gleichmütig lässt er sich vom Geist tragen, wohin er ihn weht: in absoluter Verfügbarkeit.

Allzu häufig interessiert sich der Abendländer nur für bloße Ersatzzustände von Bhakti und Jñāna. Er ergeht sich in Abstraktionen oder Vorstellungen der Tiefenerlebnisse, oder er lässt sich von seinen inneren »Erlebnissen« so sehr betören, dass er glaubt, er habe den Gipfel schon bestiegen. Damit lebt er in einer pseudo-spirituellen Atmosphäre, in der sich sein Ego unbemerkt aufbläht und in den schönsten Beschreibungen der Leere und Entblößung schwelgt. Von der Höhe seiner noblen Esoterik verurteilt er unnachsichtig seine Brüder und siedelt sie auf der niedrigen Stufe des Ritus und Mythos an; dabei vergisst er, dass er selbst in einem Mythos befangen ist, der ihn der Wahrheit viel mehr entfremdet, als derjenige, den er verurteilt.

Jñāna und Bhakti sind keineswegs besondere seelische Zustände; in ihrer letzten Tiefe sind sie Erfahrungen der Ganzheit. Solange nur ein Teil des Menschen von der spirituellen Erfahrung berührt wird, etwa sein Verstand oder seine Gefühlskräfte, können wir sicher sein, dass er von der eigentlichen Erfahrung noch weit entfernt ist. Die spirituelle Erfahrung Indiens ist untrennbar verbunden mit jener radikalen Bekehrung und Umwandlung, die das Heilsverlangen des Menschen (*mumukṣutva*) in seiner geheimnisvollen Tiefe erwirkt. Man kann es auch eine Vereinheitlichung seines Wesens nennen, die erreicht wird, wenn wir uns an das Beständige und Ewige (*nitya*) halten und alle unsere geistigen und körperlichen Betätigungen dem Wunsch nach Befreiung (*mokṣa*) unterwerfen. Mehr noch, die Erfahrung seines Selbst ist nichts anderes als das Heil, die Erlösung selbst, auf die das ganze Leben ausgerichtet ist. Diese existentielle Befreiung hat nichts mit der rein intellektuellen Erkenntnis der Gnostik oder mit den rituellen Einweihungen der hellenistischen Mysterien zu tun. Sie ist das Zusammentreffen des Menschen mit seinem wahren Wesen, die Berührung mit dem »Ort seines Ursprungs«, wie Ramana Maharshi zu sagen pflegte, die den Menschen ganz und gar frei und für den Geist verfügbar macht.

In der religiösen Tradition des Abendlandes kommt die *metanoia* bzw. *conversio* diesem Erlebnis der Befreiung am nächsten, die eine zentrale Stelle in der Botschaft des Evangeliums einnimmt. Hier wie dort handelt es sich um eine Erfahrung der Ganzheit, um ein Erlebnis, das den Menschen zu sich selbst kommen lässt. Es steigt vom tiefsten Wesensgrund des Menschen auf und dringt bis in die scheinbar äußerlichsten Ausformungen seiner Persönlichkeit. Die *conversio* des Evangeliums und die Erfahrung des Vedānta reißen den Menschen von allem los, was ihn innerlich und äußerlich festhält. Handelt es sich nicht um dieselbe Erfahrung des Geistes, in dessen Kraft der Christ, der sich von aller eigensüchtigen Verengung befreit hat, innerlich zum Vater gehoben wird, dem Ursprung alles Seins, und sich nach außen hin zu den Menschen, seinen Brüdern, gezogen fühlt? Und so entdeckt er seine Selbsterfüllung in jeder Übersteigung seines begrenzten *Ichs* – er ist mit Jesus dem Vater vollkommen gehorsam und wie er und mit ihm bereit, sein Leben für seine Brüder hinzugeben.

Man hat freilich oft versucht, Christentum und indische Weisheit als Gegensätze zu sehen – als ob das eine Tätigkeit (Karma) und das andere Kontemplation (Jñāna) sei. In diesem Sinne empfahl einst Vinoba Bhave seinen Zuhörern in Tamil Nadu, die Weisheit (Jñāna) des Vedanta, die Frömmigkeit (Bhakti) der tamilischen Mystiker und die tätige Nachstenliebe (Karma) des Evangeliums zu vereinen. Im Grunde sind Jñāna, Bhakti und Karma Erkenntniswege (*marga*) und als solche müssen sie natürlich danach trachten, sich selbst aufzuheben. Wer den Weg mit dem Ziel verwechselt, kommt niemals ans Ende seiner Reise. Es gibt verschiedene Pfade, die sich den verschiedenen Temperamenten und Berufungen anpassen. Wer sich aber einbildet, den Weg des Jñāna zu gehen, macht bereits Rückschritte. Überhaupt kommt kein Weg ohne die anderen aus, und der Fortschritt auf dem Pfad des Karma ist der Prüfstein für die Echtheit des Fortschritts auf den Wegen der Bhakti und des Jñāna: Hier entdecken wir die tiefe Weisheit des Weges, den die Evangelien weisen. Jñāna, Bhakti und Karma sind ohnehin nur dann wirkungsvolle Heilswege, wenn sie bereits, auf der Ebene des Denkens, des Gefühls oder des tätigen Lebens, die Morgendämmerung, die in der Tiefe des Wesens erwacht, widerspiegeln. Die Heilswege weisen über sich selbst hinaus; sie haben Bedeutung nur im Bereich der Zeichen und der Auftrag jedes Zeichens ist, über sich hinauszuführen.

Wenn also die eigentliche christliche Erfahrung und die authentische Erfahrung des Vedānta so gleichartig sind, muss man sich nicht fragen, warum die Formulierungen der beiden so stark voneinander abweichen, ja sich sogar ausschließen? Das scheint der Fall zu sein, selbst wenn man den Einfluss, den die geistig und kulturell bedingten Strukturen auf diese Formulierungen ausüben, so weit wie nur möglich in Betracht zieht.

Die Frage kann selbstverständlich nicht in einem kurzen Vorwort behandelt werden. Doch sollten wir wenigstens überlegen, ob die Frage so nicht falsch gestellt ist und wiederum von der leidigen Forderung der Griechen abhängt, dass sich alle Fragen auf der *spekulativen* Ebene beantworten lassen müssen.

Offensichtlich gibt es auf der Ebene der reinen Ideen, der Spekulation, wirklich keine Lösung in diesem Dilemma. Die Erfahrung Jesu, die jeder authentisch christlichen Erfahrung zugrunde liegt, ebenso wie die Erfahrung eines indischen Jñānī, sind beide von existentieller Bedeutung. Zweifellos kann das Denken etwas davon erahnen und einem suchenden Gläubigen andeuten, wie er es erreichen und an ihm existentiell teilnehmen kann. Doch kann die Sprache diese Erfahrungen niemals ganz einfangen und sie weiter vermitteln. Wenn also beide Erfahrungen unbenennbar sind, wie können wir sie dann gedanklich beurteilen?

Um das zu verstehen, ist es vielleicht nützlich die *koans* der Zen-Tradition zu erwähnen. Sie sind paradoxe Aussagen, über die der Novize monate- und jahrelang meditiert, bis er sich eingestehen muss, dass sie unbegreifbar sind; und gerade in dieser Unmöglichkeit des Verständnisses entdeckt er die Lösung. Doch besteht diese Lösung nicht einfach in der logischen Schlussfolgerung, dass es keine Lösung gibt, womit nur erreicht wäre, das Gehirn mit einem Gedanken mehr vollzustopfen; das Ziel ist doch, den Menschen von seinen Gedanken und Eindrücken zu befreien. Eines Tages geschieht ganz einfach der Durchbruch in die Tiefe der Dinge, aber Worte darüber sind unmöglich. Wenn der Schüler an jenem Morgen zu seinem Meister geht, wird ein Licht in seinen Augen scheinen. Der Meister versteht, beide lächeln. Das ist alles.

Wer das Christentum hochmütig ablehnt, weil er die orientalische Weisheit für ihm überlegen hält, der beweist damit meist nur, dass er weder im Rahmen des Christentums noch des Vedānta eine authentische Erfahrung gemacht hat. Wer es wagt, zu urteilen und zu verdammen, der ist selbst noch nicht in die Tiefe gegangen. Für den Jñāni kann es keinen Ajñāni geben. Auch Jesus gebrauchte niemals harte Worte, außer gegen die Heuchler und Besserwisser.

Das Denken lehnt sich natürlich auf, denn es will über alles entscheiden. Reines Wasser ist fade für die Diskutierfreudigen, die nicht damit zufrieden sein können, diese absolute Reinheit einfach zu genießen. Sie nennen reines Wasser geschmacklos, weil sie nur von Ersatzerscheinungen ausgehend urteilen können.

Wer Ohren hat, der höre, sagte Jesus im Evangelium.

Wer nicht versteht, möge den Herrn bitten, seine Ohren zu durchbohren, wie der Psalm (40, 7) sagt.

Und möge er sein Herz bis zum tiefsten Grund dem Geist öffnen!

Vor dem Hintergrund dieser Gedanken wollen wir die geistige Botschaft von Sri Gñānānanda darstellen. Diese Botschaft scheint in der gegenwärtigen Situation besonders angebracht zu sein, und zwar gerade wegen ihrer Einfachheit und Klarheit. Genauso wie bei Sri Ramana Maharshi finden wir nichts Außergewöhnliches in Sri Gñānānandas Leben. Keine Ekstasen, keine *siddhis,* keine esoterische Lehre, keine »Mission«, die viele sogenannte Gurus in Indien zu haben meinen. Ihre ursprünglich meist echten spirituellen Gaben verderben sie durch ihre unverbesserliche Sucht, über andere Macht auszuüben und ihr *Ich* aufzublähen. Er versetzt seine Schüler auch nicht in *samādhi.* Er verweigerte sich aller billigen Spiritualität. Er lehrte im Grunde nichts anders, als den Weg der vollkommenen Entsagung, an dessen Ende das *Ego* ganz ausgelöscht ist.

Wer zweifelt, soll einmal den Weg des *dhyana,* den er lehrte, zu gehen versuchen!

Er wendete bei seinen Schülern keine Methoden an, die besondere psychische Zustände hervorgerufen hätten, um sie so in das Mysterium der Tiefe einzuführen. Er geht geradewegs auf das Wesentliche zu und dieser Weg ist so entblößt wie etwa der »Aufstieg zum Karmelberg«. Er teilt sich seinen Schülern niemals durch irgendwelche Dinge mit, sondern unmittelbar; er spricht die Tiefe, die Wesensmitte an. Man spürt nichts dabei, das ist wahr, außer Frieden, einen Frieden, der von Innen kommt und ausstrahlt und den verwandelt, der ihn zu empfangen versteht.

Seine Lehre ist reiner Vedānta. Dieser Bericht Vanyas will weder die Schwierigkeiten verbergen, noch Paradoxa mildern. Gerade diese Paradoxa haben die Kraft, die Trägheit des Geistes zu überwinden und dem aufmerksamen Leser neue Bereiche seines Wesens zu eröffnen, aus denen ihm der Geist entgegenleuchten wird.

Wer in seinem Innern bereits die Einwohnung des Geistes entdeckt hat, kann dieser Gegenwart niemals gleichgültig gegenüber sein; der eine Geist führt die ganze Welt kraftvoll und doch unmerklich zart zur Vollendung in Christus, dem Punkt Omega des Universums. Vielleicht wird der Christ lernen, den Anruf desselben Geistes, der sich in den Traditionen und den Heiligen Indiens offenbart, überall in der Welt, und gerade unter den Jüngern Jesu Christi zu vernehmen, einen Anruf, der immer mehr in die Tiefe des Herzens Christi, in den Schoß des Vaters führt.

Gyansu (Himalaya), Pfingsten 1970

DER ANFANG

An jenem Morgen ging Vanya wie üblich hinauf zum Ashram für die Rezitation der Vedas.

Wie er es gewohnt war, setzte er sich gegen die Wand des Tempels, inmitten der Gruppe der Gläubigen, die sich morgens und abends hier in der Nähe des Samādhi versammeln, wie verzaubert dem Gesang lauschen und sich in schweigender Meditation rhythmisch hin und her wiegen.

Die Liturgie nahm ihren Lauf. Die Kinder der vedischen Schule saßen zu einem Chor gruppiert und sangen die Upanishaden, die *rudrapraśna* des Yajur-Veda, den Hymnus des Shankara an Shiva Dakshinamurti, und schließlich das Upadeśa Saram, eine Sanskrit-Komposition von Sri Ramana selbst.

Währenddessen zog eine ununterbrochene Prozession um das Grabmal, um es zu verehren. Jeder neue Ankömmling ging andächtig im Uhrzeigersinn *(pradakṣiṇa)* um es herum, einmal, dreimal, siebenmal. Einige hatten sogar das Gelübde abgelegt, täglich hundertachtmal diesen rituellen Rundgang zu machen. Und jedesmal wenn jemand an dem Linga vorbeikam warf er sich in Anbetung zu Boden.

Im Allerheiligsten beschäftigten sich die Priester mit ihren Riten, ohne von dem Gesang der Kinder oder dem frommen Treiben der Gläubigen Notiz zu nehmen: Jeder hatte seine eigene Rolle in diesem Ritual wie im Leben, und diese Rollen haben nichts miteinander zu tun. Immer wieder gossen die Priester Wasser der Reinigung, zerlassene Butter, Milch, Kokosnussmilch auf den heiligen Stein des Linga, wuschen ihn nach jedem Trankopfer von neuem und wischten ihn trocken. Sie opferten ihm Blumenblätter im Rhythmus ihrer Litaneien der hundertacht Namen Shivas. Sie schmückten den Stein mit Blumengirlanden und Seidenstoffen. Sie weihten und opferten das *naivedyam,* den Kuchen aus Reis oder Mehl, den sie später als *prasāda* verteilten. Schließlich ließen sie Weihrauch aufsteigen und schwenkten hell brennende Öllampen. In diesem Augenblick wurde der Gesang langsamer, der Ton der Stimmen stieg eine Terz, alle standen auf und falteten die Hände zum *añjali.* Während die Chorkinder das *om* anstimmten, das die vedische Rezitation beendete, erhoben sich alle Hände, gefaltet wie bisher, zum Gesicht und schließlich über den Kopf, dann streckten sich alle körperlang auf dem Boden aus – eine wunderbare symbolische Geste, mit der Indien seine tiefe Erfahrung der göttlichen Transzendenz und seine restlose Hingabe an jenen ausdrückt, dessen Mysterium es ahnend erkennt.

Einer der Priester hatte währenddessen die letzte *ārati* geopfert: die Kampferflamme. Er hatte die gewohnten Mantras gemurmelt, doch deren Echo verlor sich im Geklingel der Glocke, die er mit der linken Hand läutete, und vor allem im Schall des Tempelgongs, der unter dem Granitgewölbe ertönte.

Er verließ nun das Allerheiligste, die Schale mit der sich verzehrenden Flamme in der Hand. Jeder näherte sich ehrfurchtsvoll und hielt seine Hand über die Flamme. Das heilige Feuer weihte die Handfläche, mit der der Gläubige anschließend seine Augen berührte; danach nahm jeder ein wenig gesegnete Asche und drückte sie andächtig auf seine Stirn.

Damit schloss die Morgenfeier, die immer gleich verläuft, so wie sie vor langer Zeit eingesetzt und in der Gegenwart des Maharshi abgehalten wurde. Vanya versäumte nie dabeizusein, wenn er nach Tiruvannamalai kam. Alles dort berührte ihn tief: der Ort, die Erinnerungen, die jungen Brahmanen mit ihren langen schwarzen Haarzöpfen und weißen Dhotis und den Aschenstreifen auf der Stirn und der nackten Brust – genauso hatte Bhagavān in seiner Kindheit und noch bei seiner Ankunft am Arunāchala ausgesehen. Hier war der beschwörende Rhythmus der mystischen Silben der Vedas zu Hause; hier gab es vor allem aber die heilige Gegenwart – jenes Weisen, der so viele lange Jahre hier verbracht hatte, und die des Mysteriums, von dem er geblendet worden war und das er selbst so stark ausgestrahlt hatte. Das war eine Gegenwart, die alles überschattete und alles einhüllte, die bis ins innerste Wesen einzudringen schien, indem sie den Menschen zu sich selbst brachte, ja ihn geradezu unwiderstehlich nach innen zog.

Nach einem letzten *añjali* am Samādhi kehrte Vanya um und verließ den Tempel tief in Gedanken versunken, seinen Meditationen nachhängend, so dass er die Dinge und Menschen um sich kaum bemerkte.

Plötzlich riss ihn ein freudiges »Hallo!« aus seiner Träumerei. Harold kam mit ausgebreiteten Armen auf ihn zu, sein Gesicht strahlte wie immer. Vanya kannte Harold schon seit einigen Jahren. Er hatte ihn hier im Ashram an einem Dezemberabend kennengelernt, als er von einem seiner langen Ausflüge auf den Berg zurückkam; damals hatte er, stärker als je zuvor, die magische Anziehungskraft von Arunāchala gespürt.

Viele Jahre zuvor hatte Harold seine europäische Heimat verlassen und den Orient auf der Suche nach der Weisheit durchwandert. In Sri Lanka hatte er zu Füßen buddhistischer Meister gesessen. Im Punjab hatte er die Sufis nach ihren Geheimnissen ausgefragt. Lange Monate war er den Pilgerstraßen im Himalaya gefolgt. Die Wallfahrtsorte in Nordindien kannte er ebenso gut wie die Tempel im Süden. Eine Zeitlang hatte er sich in Pondicherry aufgehalten, und dort erfuhr er zum erstenmal von Sri Ramanas Ashram in Tiruvannamalai. Man hatte darauf bestanden, dass er diesem berühmten Ort wenigstens einen kurzen Besuch abstattete, schließlich lag er so nah, im Zug oder Autobus dauert die Fahrt nur ein paar Stunden. Man rühmte vor allem die fromme und seriöse europäische Kolonie, die dort im treuen Angedenken an den Maharshi lebte. Doch Harold kannte Indien zu gut, als dass er sich von Orten und Personen anlocken ließe, zu denen die Massen strömen.

Eines Tages, es war auf dem Weg nach Kap Komorin, ließ er sich überreden, über Tiruvannamalai zu fahren, sich dort ein paar Stunden aufzuhalten und sich umzusehen. Aus ein paar Stunden wurden ein paar Tage und dann ein paar Monate und schließlich zwei oder drei Jahre. Wahrend dieser Zeit hatte Harold niemals den Wunsch, sich auch nur für einen Tag aus der Nähe des heiligen Berges Arunāchala zu entfernen. In diesem Jahr war er zum erstenmal weggefahren, um sich an der See zu erholen: Die Felsen des Berges strahlten eine Hitze aus, die im Sommer wirklich kaum zu ertragen war. Gerade war Harold von dieser kurzen Reise zurückgekehrt.

Kaum hatten Vanya und sein Freund einige Neuigkeiten ausgetauscht, als Harold ihn plötzlich fragte:

»Kennst du den Heiligen von Tirukoyilur?«

Trotz seiner zahlreichen Aufenthalte in Tiruvannamalai hatte Vanya noch nie von einem bekannten Swami in Tirukoyilur gehört. Tirukoyilur ist ein kleines Städtchen kaum dreißig Kilometer von Tiruvannamalai entfernt.

»Dieser Swami ist hundertzwanzig Jahre alt«, fuhr Harold fort.

»In Karrikkal hat man mir in der vergangenen Woche von ihm berichtet. Einer seiner Schüler, Govinda Pillai, hat mir geradezu unglaubliche Geschichten über ihn erzahlt. Er fährt jedes Jahr nach Tirukoyilur, um sein Darshana zu bekommen. Wenn er nicht hinfahren kann, schickt er ihm wenigstens ein Lobgedicht. Ich musste ihm versprechen, ihn in seinem Namen zu besuchen. Kommst du mit?«

»Sofort!« antwortete Vanya. »Hundertjährige trifft man nicht alle Tage. Wie heißt der Heilige?«

»Gñānānanda. Genauer gesagt, Sri Swami Gñānānanda-ji Maharaj.« »Ein besonders schöner Name«, bemerkte Vanya. »Die Tamilen legen sich gern klingende Namen zu. Ich wünschte, sie würden ihren Namen immer gerecht. Weißt du, was Gñānānanda heißt? ›Weisheit und Freude‹ oder anders übersetzt ›Glückseligkeit des Wissens‹. Hat dir Govinda Pillai überhaupt gesagt, wo er genau wohnt?«

»Er hat es mir sogar aufgeschrieben, um sicher zu gehen«, erwiderte Harold und hielt seinem Freund ein Stück Papier hin, auf dem Kudameripatti stand.

»Von diesem Dorf habe ich noch nie gehört«, sagte Vanya. »Aber wir brauchen nur nach Tirukoyilur zu fahren und uns dort zu erkundigen. Übrigens ist Tirukoyilur ein hochinteressantes Städtchen. Ich habe schon lange vor, dorthin. zu fahren. Wenn ich in Tiruvannamalai bin, kann ich mich leider nie dazu aufraffen, andere Orte zu besuchen. Du tust mir einen großen Gefallen, wenn du mich mitnimmst. Wir können die drei Tempel der Stadt besuchen; der eine ist Vishnu-Perumal geweiht und die beiden anderen sind Shivatempel, die sehr eng mit der Erinnerung an Ramana verknüpft sind. Erinnerst du dich an die Geschichte? Als er seine Familie verließ, um dem Ruf Arunāchalas zu folgen, hatte er nicht genug Geld für die Reise nach Tiruvannamalai und musste den Zug in Tirukoyilur verlassen. Er ging in einen der Tempel und erhielt ein wenig von dem Reis, der während des Gottesdienstes geopfert worden war. In dem anderen Tempel verbrachte er die Nacht. Und dort empfing er, an der Rückseite einer jener kleinen offenen Schreine im Innenhof, seine berühmte Vision des Lichts *(jyoti)*, das vom Gipfel des Arunāchala erstrahlte und ihn zu sich selbst rief.«

DIE BEGEGNUNG

Zwei Tage darauf verließen Harold und Vanya Tiruvannamalai mit dem ersten Autobus. Man musste frühzeitig aufbrechen, um nicht unterwegs von der Hitze überrascht zu werden; sie dachten natürlich vor allem daran, sich in Tirukoyilur umzuschauen. Doch zuerst mussten sie selbstverständlich am Ashram des Heiligen vorbeifahren und ein paar Minuten dableiben, mussten der Sitte gemäß einige Früchte darbringen, geduldig die Lobeshymnen anhören, die die Schüler unweigerlich vortragen würden, wie es fast überall im Indien der Ashrams üblich ist; dann mussten sie wenigstens so tun, als ob die spirituellen Plattheiten, die der Swami wahrscheinlich von sich geben würde, sie interessierten... schließlich hatte Harold Govinda Pillai versprochen, diesen Besuch zu machen. Er musste sein Wort halten.

Als sie in den Bus stiegen, zeigte Harold dem Schaffner die Adresse, die ihm Govinda Pillai aufgeschrieben hatte. »Ihr wollt also zum Ashram fahren?« fragte er. »Das ist kein Problem. Der Bus fährt direkt daran vorbei. Ich sage euch, wann ihr aussteigen müsst.«

Wie Harold und sein Freund später erfuhren, war er selbst ein Schüler von Gñānānanda. Abends, auf seiner letzten Busfahrt, pflegte er regelmäßig vor dem Ashram anzuhalten, gerade lang genug, um einzutreten, sich niederzuwerfen, die heiligen Füße zu berühren und den Segen des Weisen zu empfangen. Außerdem hielt er jeden Abend sein Auto im dichten Wald zwischen Tirukoyilur und Tiruvannamalai an, um dort unter einem heiligen Banyanbaum eine Kokosnuss aufzuschlagen und einige Tropfen reinen Wassers als Trankopfer zu vergießen.

Wenn Vanya später von dieser Reise erzählte, erwähnte er immer, dass ihm im Bus plötzlich der Gedanke gekommen war, dieser Tag würde vielleicht ein Wendepunkt in seinem Leben bedeuten. Doch erschien ihm das so unwahrscheinlich, dass er sich nicht weiter damit beschäftigte. Die Sonne, die gerade im schimmernden Morgenrot (*aruṇa*) von der Ebene aufstieg und mit ihren ersten Strahlen die Hänge des heiligen Berges Arunāchala sanft berührte, lenkte ihn ab.

Es war noch nicht sieben Uhr, als die beiden Besucher in Tapovanam – so hieß der Ashram – ankamen. Dieses Wort war in großen Lettern auf einen Bogen über dem Eingangstor gemalt worden, ebenso wie der Name des Herrn und Meisters dieses Hauses; das war auf den Wunsch seiner ihm treu ergebenen Schüler geschehen. Wie die beiden erfuhren, wohnte der Guru erst seit einigen Monaten hier, aber auch nicht immer. Sein eigentlicher Aufenthaltsort lag zehn Kilometer weiter in Sittilingamadam. Für die frommen Anhänger in der Stadt war es zu weit entfernt, deshalb hatte einer von ihnen dem Guru dieses Haus geschenkt. Jetzt brauchten sie nur noch das Flussbett des Pennar, das die längste Zeit des Jahres ausgetrocknet war, zu überqueren, um das Darshana ihres Gurus zu erhalten. Sri Gñānānanda hatte sich überreden lassen und war bereit, hier für die nächste Zeit zu verweilen.

Harold und Vanya durchschritten den Garten. Sie sahen ein paar Mangobäume, einen Brunnen und in der Mitte stand ein kleines, unscheinbares Haus. Von den Gebäuden, die später im Garten errichtet wurden, stand noch keines; auch der Tempel, später der Mittelpunkt der Anlage, war noch nicht gebaut – alles das, was sich wie eine Barriere zwischen die Gnade des Guru und die Sehnsucht der Pilger stellen würde, die von ferne kommen würden, um ihn zu sehen. Die beiden Freunde waren gerade noch zur rechten Zeit aufgebrochen.

Vanya erblickte einen jungen Mann, der von seinem morgendlichen Reinigungsbad zurückkehrte. Er ging auf ihn zu und erkundigte sich nach dem Swami; dabei bat er um Entschuldigung wegen der frühen Störung und schlug vor, später wiederzukommen.

»Mach dir deswegen keine Sorgen«, sagte Krishnamurti. »Swami-ji steht allen zur Verfügung, die ihn besuchen wollen. Ob am Morgen oder Abend, am Tag oder in der Nacht, das ist für ihn ziemlich gleichgültig. In der Nacht schläft er fast gar nicht. Kommt nur mit mir.«

Sie folgten Krishnamurti ins Haus. Der junge Brahmane führte sie in das Zimmer auf der rechten Seite; dort saß der Guru in einer Ecke auf einem alten Liegestuhl. Sri Gñānānanda hatte kurze Beine, sein Körper war halb von einem orangefarbenen Dhoti umwickelt, der eine Schulter frei ließ, und dessen Zipfel über den Kopf gezogen war. Sein Gesicht war unrasiert. Auf seiner glatten Stirn – dieser Mann war hundertzwanzig Jahre alt! – sah man die drei Aschenstreifen, die einen Shiva-Anhänger kennzeichnen, und in der Mitte der Stirn einen zinnoberroten Punkt. Aus diesem friedvollen Gesicht leuchteten Augen von unsäglicher Milde.

Die Besucher begrüßten ihn mit gefalteten Händen, doch warfen sie sich nicht vor ihm auf den Boden, versuchten nicht einmal, die Füße des Meisters zu berühren. Europäern ist diese Verehrungsgeste immer etwas peinlich, in Indien ist sie jedoch genauso üblich und natürlich wie anderswo der Kniefall oder der Handkuss.

Eine Matte wurde gebracht, und die beiden setzten sich. Vanya stieß seinen Begleiter an; schließlich hatte er eine Nachricht für den Swami, er sollte also anfangen zu sprechen.

Harold begann das Gespräch, er sprach von Govinda Pillai, richtete dessen Grüße aus und stellte, wie es Sitte ist, einige Fragen über das spirituelle Leben, um, wie man hier sagt, seine »Zweifel« aufzuklären. Krishnamurti übersetzte Harolds Fragen ins Tamil und die Antworten des Guru ins Englische.

Nach kurzer Zeit wurde das Gespräch immer interessanter, doch die Übersetzung wurde auch schwierig, und der Dolmetscher fühlte sich überfordert.

Er war ein intelligenter und eifriger Schüler. Jeden Abend nach seiner Arbeit kam er zu seinem Guru, half und diente ihm, so gut er konnte. Er schlief im Ashram und am nächsten Morgen überquerte er wieder den Pennar, um seiner Büroarbeit nachzugehen. Im Jahr darauf musste er seine Treue mit dem Leben bezahlen. Der Pennar führte Hochwasser, er wollte trotzdem hinüberkommen und begann über den Deich zu waten. Doch das Wasser stieg immer höher und schließlich riss ihn die Strömung mit sich fort, bevor er das andere Ufer erreichen konnte. Sein Englisch war sicherlich gut, doch ein Bachelor of Arts der Universität Madras spricht eher ein Geschäfts-Englisch, das sich nicht für philosophische und mystische Themen eignet. An jenem Tag musste Krishnamurti sehr kämpfen, um Gedanken zu übersetzen, die zu hoch für ihn waren. Gñānānanda war sich wohl bewusst, dass die Übertragung fehlerhaft war. Deshalb versuchte er immer neue Erklärungen, doch verwirrte das den armen Dolmetscher nur noch mehr.

Vanya mischte sich bald in die Unterhaltung ein, zunächst in englischer Sprache und dann auf Tamil. Sein Tamil war zweifellos fehlerhaft und seine Aussprache kläglich. Doch ergab sich zwischen ihm und dem Meister bald ein so inniges Verständnis, dass die Worte, die sie sprachen und hörten, unwesentlich wurden.

Nach einer Weile fragte er: »Welche Meinung vertritt Swami-ji bezüglich der Absoluten Wirklichkeit? Ist sie *dvaita* oder *advaita?* Bleibt am Ende doch ein kleiner Unterschied zwischen Gott und dem Geschöpf, zumindest als eine Möglichkeit für den Menschen, sich an Gott zu erfreuen und die Freude ewig zu verkosten – oder gibt es im Grunde nichts als Sein: nichtduales (*advaita*), unteilbares Sein, in grenzenloser Fülle?«

»Wozu sind solche Fragen gut?« antwortete Sri Gñānānanda sogleich. »Die Antwort findest du in dir selbst. Suche in deinem

Inneren. Gib dich dem *dhyana,* der Meditation jenseits aller Formen hin und die Lösung wird dir unmittelbar zuteil.«

»Gibt Swami-ji seinen Schülern die Einweihung?« fragte Vanya weiter.

Er wollte den Swami mit dieser Frage auf die Probe stellen. Die Hindus – und nicht nur sie – sind bekannt für solche Zeremonien. Im Rahmen mehr oder weniger komplizierter Riten begibt sich der Schüler unter die geistige Führung des Guru. Jener teilt ihm im Geheimen einen bestimmten Mantra mit, den der Schüler gläubig wiederholen muss; manchmal muss er zusätzlich einen bestimmten Ritus ausführen. Man erwartet sich davon, dass der Schüler durch die beinahe magische Kraft dieses »Sakraments« wunderbare, rasche Fortschritte macht und dass ihm die Rezitation des Mantra und die Ausführung des Ritus einen immensen zeitlichen und ewigen Gewinn bringt. Der Glaube des Schülers, und vielleicht auch die Gnade des Guru, verleihen der Einweihung (*dīkśā*) wohl oft ihre Wirkung; doch die Absicht der Swamis ist nicht immer rein. Die einen wollen tatsächlich ihren Schülern helfen, andere aber geben ihre Mantras genauso überstürzt wie ihre Schüler sie darum bitten. Für solche Gurus geht es oft nur um das großzügige Geschenk (*guru-dakṣiṇā*), das sie von den Schülern erwarten. Sogar der große Schüler von Sri Ramana, Ganapati Sastri, bedauerte, dass sein Meister keine Mantras geben wollte, nicht einmal den Anfängern, und schlug ihm sogar vor, es an seiner Stelle zu tun. Vanya erwartete darum die Antwort Gñānānandas mit einem besonderen Interesse.

»Einweihung? Wozu soll die gut sein?« antwortete er wiederum. »Wenn der Schüler noch nicht bereit ist, dann ist eine Einweihung nur Schall und Rauch; wenn er aber bereit ist, dann sind weder Worte noch Zeichen notwendig. Die Einweihung geschieht also von selbst.«

Das Gespräch ging weiter: »Solange man die Welt noch sieht, ist das Unwissen, ›Nicht-Weisheit‹ oder *Ajñāna.* Wenn aber diese Welt nicht mehr für uns existiert, dann ist dies Weisheit oder *Jñāna,* das wahre und einzige Wissen.«

Nach und nach kamen andere Gläubige. Männer, Frauen, Kinder, alle warfen sich ehrfurchtsvoll, ja voller Inbrunst zu Boden. Man spürte, dass dies für sie keine leere, gewohnheitsmäßige Geste war, nicht bloß ein Zeremoniell, das die Sitte ihnen abforderte. Dieses Hinstrecken des ganzen Körpers war offensichtlich das äußere Zeichen einer Hingabe, die sich gleichzeitig viel wesentlicher in der Seele vollzog; diese Hingabe zeigte sich im Glauben, in der Liebe, im vollkommenen Vertrauen in diesen Menschen, der für sie die Epiphanie der unsichtbaren göttlichen Gegenwart war; in ihm verkörperte sich für ihre leiblichen Augen die Gnade und die Liebe des Herrn, jenes Herrn, der unteilbar im tiefsten Grunde des Herzens und in der höchsten Höhe des Himmels wohnt.

Die beiden Europäer fürchteten, aufdringlich zu erscheinen. Sie baten um die Erlaubnis, sich zurückzuziehen. Sie würden in der Stadt essen, die Tempel besuchen und dann zurückkommen. Der Guru war einverstanden, doch wollte er sie nicht gehen lassen, ehe sie eine Tasse Milch getrunken hatten.

Eine oder sogar zwei Stunden waren verstrichen, seitdem Vanya zu Füßen des Swami Platz genommen hatte. Er war sich dessen kaum bewusst geworden. Er hatte es nicht einmal ermüdend gefunden, unbeweglich mit gekreuzten Beinen zu sitzen; gewöhnlich schmerzten sie nämlich nach so langer Zeit.

Als er sich erhob, schien ihm alles wie verwandelt. Er war nur aus Neugierde gekommen, aber die wenigen Worte, die dieser Alte zu ihm gesprochen hatte, waren in sein Herz gedrungen. Sie hatten dort gleichsam Abgründe aufgetan, von denen er bis dahin nichts geahnt hatte. Sie waren wie eine Quelle lebendigen Wassers von unvergleichlicher Süßigkeit in ihm emporgestiegen. Und doch, alles, was er ihm gesagt hatte, wusste er bereits. Er hatte es gelesen, gehört, er hatte darüber lange meditiert. Auf der Ebene der Worte und Ideen hatte er nichts hinzugelernt. Doch soeben war das alles auf eine Weise gesagt worden, die eine unaussprechliche Verbindung zwischen dem Meister und ihm hergestellt hatte, eine Verbindung, die im Inneren dieser beiden Menschen ihren Ursprung hatte. Alles was der Guru gesagt hatte, schien Vanya unmittelbar aus den geheimsten Winkeln seines eigenen Herzens zu entspringen.

Auf seinen Pilgerreisen durch Indien hatte Vanya Marktschreier der Weisheit getroffen, deren Ruhm indische und ausländische Schüler um die Wette zu steigern suchen. Er hatte hier und da auch ernsthafte spirituelle Sucher erlebt, die mit restloser Hingabe nach Weisheit und Gotteserfahrung verlangten. Aber dieses Mal war er, das wurde ihm nun klar, unmittelbar mit dieser endgültigen Erfahrung in Berührung gekommen. Und diese Berührung – ist sie nicht wie eine Brandwunde, deren Narbe niemals verheilt? Ist sie nicht wie ein Feuer, das brennt, solange es noch etwas zu vernichten gibt, bis die Weltlichkeit in uns ausgelöscht ist?

Dieser Mensch, auf den er fast wie ein Tourist gestoßen war, hatte wie im Sturm von seinem Wesen, von dem ganzen Vanya Besitz ergriffen. Bisher hatte er niemanden freiwillig seine Ergebenheit, seine Hingabe erwiesen, doch jetzt schien sie wie von selbst Gñānānanda zu gehören. Er hatte oft von Gurus gehört und der geradezu irrationalen Zuneigung, die ihre Schüler für sie empfinden, von ihrer völligen Selbstaufgabe für den Guru – was ihm so unsinnig vorgekommen war, ihm, dem Europäer, dem Erben griechischer Rationalität. Und nun war es an ihm selbst offensichtliche Wirklichkeit geworden, es war eine Erfahrung, die ihn sich selbst entriss. Dieser kurzbeinige Mann mit struppigem Bart, der kaum mehr als einen Lendenschurz trug, dieser Mann, der so plötzlich in sein Leben eingedrungen war, hätte jetzt alles von ihm verlangen können, sogar nackt und auf ewig stumm über die Landstraße zu wandern, und er hätte nicht einmal daran gedacht, von ihm eine Erklärung zu fordern.

Ohne zu wissen, was sie taten, lagen Vanya und Harold auf einmal auf der Erde und berührten die Füße Meisters andächtig mit ihren Händen.

Vanya hatte das Darshana des großen Ramana bekommen, ein Jahr bevor er diese Welt verließ. Doch damals konnte man den

Maharshi nur gemeinsam mit einer Menge von Gläubigen sehen und nur während kurzer Augenblicke, die von der Leitung des Ashrams gesetzt wurden. Sri Ramana saß damals beinahe majestätisch in dem großen Mandapa des Tempels der Mutter auf einem prächtigen Diwan aus Granit, den sein bengalischer Schüler Bose gestaltet hatte.

Gewiss hatte Vanya seine Augen betrachtet, die so voller Liebe und Gelassenheit waren. Er hatte etwas von diesem Ruf nach innen geahnt, der nun aus der Tiefe seines Bewusstseins, das in der Kontemplation des Urmysteriums versunken war, zu ihm aufzusteigen schien. Zweifellos hatte gerade dieser Ruf ihn sooft an den Fuß des heiligen Berges zurückgezogen, zu den Höhlen, in denen Ramana von dem unerbittlichen Arunāchala geradezu eingefangen gewesen war. Doch wurde kein Wort zwischen dem Weisen und dem Mann, der von jenseits der Meere zu ihm gekommen war, gewechselt. Der Maharshi lebte für ihn in einer anderen Welt. Die Balustrade des Tempels, die Öllampen, die Weihrauchpfannen und natürlich die privilegierten Schüler, die sich einander im Dienst ablösten und sich ständig in der Nahe des Meisters aufhielten, bildeten eine Trennungswand zwischen ihm und der Menge seiner Verehrer, zwischen ihm und dem Enthusiasmus der Gläubigen. Vanya hatte damals noch den Staub Europas an seinen Füßen gehabt. Er kannte die Sprache nicht und vor allem war er noch nicht tief genug nach innen eingedrungen und konnte die geheimnisvolle Sprache des Schweigens noch nicht verstehen.

Unvergleichlich wichtiger als die Begegnung mit Dingen und Orten, mit Zeremonien, denen man beiwohnt oder die man selbst ausführt, mit den Heiligen Schriften, die man liest oder über die man meditiert, mit Vorträgen, die man hört, ist die Begegnung mit den Menschen, in deren Herzen sich das Unsichtbare enthüllt hat und durch die sein Licht in heller Klarheit leuchtet – das ist das Mysterium des *Guru*.

Dieses ehrwürdige Wort »Guru« wird leider allzu oft entweiht von Leuten, die es leichtfertig gebrauchen oder sogar entwürdigen. Niemand sollte dieses Wort im Munde führen oder gar wagen, jemanden seinen Guru zu nennen, wenn er nicht selbst das Herz eines *Schülers* besitzt.

Ein wahrer Schüler ist ebenso selten zu finden wie ein wahrer Guru. Die hinduistische Tradition sagt mit Recht, wenn der Schüler bereit ist, werde sich der Guru von selbst einfinden; nur wer noch nicht würdig ist, einen Guru zu haben, läuft hinter ihnen her und vergeudet so seine Zeit.

Der Guru und der Schüler bilden zwei Pole, die sich gegenseitig anziehen und die zusammengehören; sie existieren nur in der Beziehung zueinander. Sie sind ein Paar auf dem Weg zur Einheit. Eine nichtduale Ergänzung in der endgültigen Wirklichkeitserfahrung.

Der Guru ist nicht irgendein Meister oder ein Lehrer oder Prediger, auch kein Seelenführer, der aus Büchern oder von anderen Menschen gelernt hat, was er seinerseits lehrt. Der Guru ist im Gegenteil jemand, der selbst in die Wirklichkeit eingedrungen ist und aus persönlicher Erfahrung den Weg kennt, der zu ihr führt; er ist jemand, der einzig in der Lage ist, den Schüler auf diesem Weg einzuweisen und unmittelbar die unaussprechbare Erfahrung – die er selbst besitzt – im Herzen seines Schülers zu wecken: dieses durch und durch transparente, so reine und klare Bewusstsein, ganz einfach, dass »er ist«. Ist das Mysterium des Guru nicht eigentlich das Mysterium des Seelengrundes? Wer dem Guru gegenübersteht, steht der nicht einem eigenen »Selbst« gegenüber, sieht der nicht in die verborgenen Kammern seines eigenen Wesens?

Die Begegnung mit dem Guru ist eine wesentliche Begegnung, der entscheidende Wendepunkt im Leben eines Menschen. Doch diese Begegnung kann nur stattfinden, wenn man die Bereiche der Sinne und des Denkens überschritten hat. Ihr Ort ist jenseits, im »Seelenfünklein«, wie die Mystiker sagen. Die menschlichen Begegnungen lassen Dualität bestehen. Bestenfalls kann eine Verschmelzung stattfinden: Zwei Menschen *werden* eins in der Liebe und in der Sehnsucht. In unserem Fall jedoch kann nicht mehr von Verschmelzung die Rede sein, denn wir sind auf der Ebene der uranfänglichen Nichtdualität. Wer nicht zunächst in seiner Begegnung mit dem Guru Advaita existentiell erfahren hat, dem bleibt er für immer unverständlich.

Was der Guru sagt, strömt aus dem Herzen des Schülers hervor. Es ist nämlich nicht ein »anderer«, der zu ihm spricht. Er empfängt nicht etwa Gedanken, die von außerhalb kommen, die die Sinne ihm übermitteln. Wenn der Klang der Worte, die der Meister spricht, an das Ohr des Schülers dringt, wenn sein Blick den des Schülers trifft, dann werden die Gedanken, die in seinem eigenen Innern, in jenem nunmehr entdeckten Innenraum des Herzens, gefangen liegen. befreit und offenbaren ihm sein Selbst.

Welche Bedeutung haben also die Worte, die der Guru gebraucht? Ihre ganze Kraft liegt in ihrem inneren Widerhall. Wer seinen Guru sieht, wer ihm zuhört, erlebt die Epiphanie seines eigenen wahren Selbst, der Tiefe seines Wesens, die wir doch alle, auch wenn wir uns dessen nicht bewusst sind, ersehnen.

Der wirkliche Guru lebt in unserem Inneren; er lässt ohne den Lärm der Worte in der aufmerksam hinhorchenden Seele das »Du bist Das«, das *tat tvam asi* der vedischen Rishis erklingen. Und dieser wahre Guru nimmt in dem Augenblick irgendeine äußere Form an, wenn Hilfe notwendig ist, um dem Schüler über die letzte Hürde zu helfen. In diesem Sinne war der Berg Arunāchala der Guru Ramanas.

Das einzige Mittel echter spiritueller Kommunikation ist *ātmabhāṣā*, die Sprache des Innern, die Sprache des Ātman, aus dem Schweigen, dem das WORT entströmt, geboren und verständlich allein im Schweigen.[15]

»Verstehst du jetzt«, versetzte Vanya, der plötzlich ganz traurig

15 Die folgende Reflexion über den Guru und das Darshana des Guru stammt ursprünglich aus der Einleitung, die Abhishiktānanda 1962 als eine Art redaktionellen Rahmen verfasst hat, in der Absicht, die Erzählung über seine Begegnung mit Sri Gñānānanda mit derjenigen mit Sri Ramana Maharshi zusammenzubinden unter dem Titel *Sécrets de l'Inde*. Sie wurde für die 1970 veröffentlichte Version in den Text eingearbeitet.

geworden war, »warum die Worte der Missionare aus dem Abendland so selten in die Seele der Hindus einzudringen scheinen? Und dabei ist Christus, den sie predigen, der Guru *par excellence*: für den, der zu hören versteht, ertönt seine Stimme überall in der Welt; und er offenbart sich unaufhörlich im Inneren unseres Herzens. Wann aber werden ihre Worte und wann wird ihr Leben endlich deutlich davon Zeugnis ablegen, dass sie von diesem Guru nicht nur gehört und gelesen haben, sondern dass sie ihm selbst in der Tiefe ihres Herzens begegnet sind?«

»Eine solche Begegnung heißt in Indien Darshana«, sagte er. »Darshana bedeutet etymologisch Vision, Schau. Man begegnet der göttlichen Wirklichkeit in der Form, die unserer Schwäche entspricht. Es gibt philosophische Darshanas, das sind die Systeme der Denker, die an die Wirklichkeit mit Hilfe von Begriffen und Ideen heranführen. Es gibt ein Darshana der heiligen Orte (*kṣetra*) oder der Tempel, der heiligen Bilder (*murti*), in die das Göttliche, das alle Formen transzendiert, niedersteigt und sich in die vielfältigen Formen kleidet, die die religiöse Phantasie der Menschen erdacht hat. Vor allem aber gibt es das Darshana der Heiligen, das besonders bedeutungsvoll ist für den, der sein Herz zu öffnen versteht.

Das Darshana des Guru ist der letzte Schritt zum endgültigen Darshana, bei dem sich auch der letzte Schleier vor der Wahrheit hebt und alle Dualität transzendiert wird.

Das ist das wesentliche, das absolute Darshana, nach dem Indien seit seinen Anfängen sucht, und »indem es sich selbst offenbart, offenbart es dir gleichzeitig den eigenen geheimen Seelengrund«.

Die Rishis der Upanishaden hatten schon vom Mysterium des Guru gesungen[16]:

> »Ohne es von einem anderen zu erfahren,
> wie könnte man das erkennen?
> Aber es von irgend jemand zu hören, reicht nicht aus,

16 Diese und die folgenden Übersetzungen aus den Upanishaden sind frei paraphrasierend und beanspruchen nicht, wörtlich zu sein.

selbst wenn er es hundert- und tausendmal wiederholte ...
Feiner als das Feinste ist das:
der Reichweite der Worte enthoben ...
Weder durch Nachdenken, noch durch Begriffe,
noch durch Rezitation der Veden
erkennt man es ...
Bewunderungswürdig, wer es ausdrücken kann,
bewunderungswürdig, wer davon hören kann,
bewunderungswürdig, wer es, nach kundiger Unterweisung,
erkannt hat.«

(Katha-Upanishad)

»Der Brahmane, der die Geheimnisse der Welten erforscht hat,
die im Gesetz und im Kult erreicht werden,
verliert jedes Verlangen ...
Vergängliches kann nicht zu Unvergänglichem führen ...
Allem entsagend und voller Glauben,
geht er und sucht seinen Meister,
der ihm das Geheimnis des Brahman enthüllen wird.
Die Gedanken gebändigt, friedvoll das Herz,
lernt er die endgültige Weisheit kennen,
die ihm den wahren und unvergänglichen,
den inneren Menschen (*puruṣa*) enthüllt!«

(Muṇḍaka-Upanishad)

Narada näherte sich Sanatkumāra: »Meister, lehre mich.«

»Sage mir zuerst, was du schon kennst, damit ich weiß, was ich hinzufügen muss.«

»Ich kenne die Veden, die Purāṇas, alle Wissenschaften. Ich bin ein Meister in den Mantras (*mantra-vid*), doch bin ich kein *ātma-vid*, ich kenne das Selbst (den Ātman) nicht, ich kenne *mich* nicht. Man hat mir gesagt, Herr, dass die Menschen, die *sich selbst* kennen, von allem Leid befreit sind. Ich leide und bin friedlos, zeige mir darum, wie ich das Leid überwinden kann.«

»Alles was du bis jetzt gelernt hast, sind bloße Worte.« Und Sanatkumāra führte Narada zum Geheimnis seines Selbst, zur unendlichen Fülle, die nur in unserem Selbst ist und die doch überall ist. Er zeigte ihm das andere Ufer, jenseits der Finsternis.

(Chāndogya Upanishad)

»Alles was ich weiß, habe ich dir gesagt,
mehr gibt es nicht zu wissen!
Wir danken dir, Pippalāda, wir danken dir!
Du bist wahrhaftig unser Vater.
Du hast uns zum anderen Ufer geführt,
jenseits des Nichtwissens!«

(Praśna Upanishad)

Harold und Vanya verließen den Ashram und gingen nach Tirukoyilur. Dort besuchten sie die Tempel, zuerst den des Vishnu, den größten und bekanntesten.

Die Brahmanen führten sie durch den Tempel und erzählten ihnen die Legenden, die mit diesem Tempel verknüpft sind. Er ist dem Vishnu Perumal in seiner Gestalt als Zwerg Vāmana geweiht. Der Dämonenkönig Bali, der damals der Herr der Welt und selbst des Himmels war, willigte ein, Vāmana so viel Land zu geben, wie er mit drei Schritten ausmessen könne. Der Zwerg wuchs zu einem Riesen heran und überquerte mit einem Schritt die ganze Erde, mit dem zweiten die Unterwelt und mit dem dritten erhob er sich jenseits des höchsten Himmels. Die Brahmanen sangen für die Besucher Strophen aus dem Rig-Veda, die diese Heldentat Vishnus feiern:

»Der die drei Welten mit seinen Schritten ausmisst,
der die Erde und die Himmel erhält,
der mit seinem letzten Schritt
das höchste Licht erreichte
und dort für die Menschen
den Ort der endgültigen Vereinigung errichtet hat!«

Vanya fühlte sich in den vishnuitischen Tempeln immer etwas fremd. Für ihn gab es darin zu viel übertriebene Bilderverehrung, wie er schon oft festgestellt hatte. Diese Bilder, diese Riten schienen ihm aus dunklen Abgründen des Unterbewusstseins aufzusteigen, in die er sich nicht hinablassen wollte; deshalb konnte er diese Bilder und Riten auch nicht recht verstehen und fühlte sich nicht zu ihnen hingezogen.

Die Shivatempel zogen ihn dagegen stets an. Die purānischen Legenden, die sich später um die Person Shivas gerankt haben, können den sehr reinen Ursprung dieses Mythos nicht verdecken. Shiva ist vor allem der Gott der Liebe, wie man ihn in Tamil Nadu nennt. Er ist auch der Gott ohne Körper und Gestalt, dessen reinste Verehrung darin besteht, sich in ihm aufzulösen und unfähig zu werden, ihn selbst mit Namen anzusprechen. Die Priester führten auch hier ihre Besucher herum und opferten einmal Blumen, dann wieder Lichter oder Weihrauch. Harold blieb gern vor dem Bild des Shiva Dakshinamurti stehen, das er besonders verehrte. Vanya seinerseits verweilte lange beim inneren Heiligtum, dessen Stille, Kargheit und Dunkelheit ihn immer wieder gefangen nahmen.

Spater ließen sie sich auf einem Felsen in der Nähe des Tempels nieder. Jemand näherte sich ihnen. »Kommt! Steht auf und blickt dorthin.« Im Nordosten erhob sich die Silhouette von Arunāchala, des heiligen Berges. Aus dieser Entfernung sah man nur seine geheimnisvollen, kegelförmigen Umrisse rein und zart am Himmel stehen. »Hierher kommen wir in einer Nacht des Monats Kartika«, fuhr der Brahmane fort, »um das Darshana der Flamme[17] zu haben.« Und er machte die Verehrungsgeste der Hindus. Auch Vanya erhob die Hände zum *añjali* und betrachtete das Mysterium dieses Felsens. Auf ihm hatte der junge Venkatarāma, nachdem er dem Elternhaus entflohen war, jenes überirdische Licht gesehen... Ramana, Gñānānanda, Arunāchala, jeder Mensch und alle Wesen, er selbst, Vanya eingeschlossen, waren auf geheimnisvolle Weise eine

17 Da Arunāchala als Feuer-Linga Shivas gilt, wird zu diesem Fest ein großes Feuer auf seinem Gipfel angezündet

mūrti des Ungestalteten, Ungeformten, in dem alle Gestalten und Formen enthalten sind; es lässt sich in den vielfältigen Gestalten und Formen erahnen, doch zieht es seine Auserwählten nach und nach zu sich hin, jenseits aller Formen.

TAPOVANAM

Harold und Vanya nahmen ihr Mittagessen in der Stadt ein, denn sie fürchteten, lästig zu fallen, wenn sie in der Mittagstunde zum Ashram zurückkehrten. Sie hatten nämlich erfahren, dass Sri Gñānānanda im Augenblick weder einen Diener hatte, noch einen Schüler, der bei ihm wohnte. Die ersten, die morgens ankamen, besorgten den Haushalt; es gab unter ihnen auch immer einen frommen Brahmanen, dem es eine Freude war, die Mahlzeit des Meisters zu bereiten. Andernfalls brachte man dem Swami das Essen aus dem benachbarten Agrahāram. Die beiden Freunde waren doch noch zu sehr Europäer; immer ängstlich besorgt, nicht zu stören, und vor allem selbst nicht gestört zu werden. Sie kehrten erst am Nachmittag zum Ashram zurück. Dort erfuhren sie zu ihrem großen Bedauern, dass der Swami am Morgen lange auf sie gewartet hatte, um seine Mahlzeit mit ihnen einzunehmen. Sri Gñānānanda war jetzt nicht mehr in dem kleinen Zimmer, wo er sich am Morgen aufgehalten hatte. Er saß im mittleren Raum, der die zwanzig oder dreißig Leute, die sich um ihn drängten, kaum fassen konnte. Menschen traten ein, warfen sich zu Boden, boten Früchte und Blumen dar und setzten sich dem Swami gegenüber, die Männer auf der rechten und die Frauen auf der linken Seite. Vanya hatte zuvor selten eine Gelegenheit gehabt, dieses Zeremoniell in Ruhe und aus der Nähe zu beobachten.

Ein Mann trägt gewöhnlich einen Dhoti mit einem Tuch um die Hüfte gebunden, sein Oberkörper ist frei. Wenn er sich dem Meister nähert, legt er seine Gabe zu Füßen des Swami nieder, tritt ein wenig zurück, legt die Hände zum *añjali* zusammen, streckt sich der Länge nach auf dem Boden aus, die Arme nach vorn, berührt den Boden mit der Stirn, mit jedem Ohr und jeder Schulter, erhebt dann den Oberkörper wieder, manchmal den ganzen Körper, legt wieder die Hände zusammen, und lässt sich erneut zu Boden sinken, mit dem Gesicht zur Erde gerichtet – und das dreimal, fünfmal, siebenmal, je nach der Inbrunst der Verehrung. Wer sich nur einmal niederwirft, gilt als unhöflich und beweist damit außerdem, dass er keiner hohen Kaste angehört. Dann steht er endgültig auf, hält die Handflächen auf die Ohren, beugt sich vor und berührt mit den Händen die Füße des Meisters und darauf seine eigenen Augen mit den Fingern, die mit dem verehrten Körper in Berührung gekommen sind.

Die Frauen werfen sich nicht auf den Boden, sondern knien sich hin und berühren mit der Stirn den Boden. Manchmal wenn eine ganze Familie hereintritt, wird es still im Raum und alle warten respektvoll, bis der Vater, die Mutter und alle Kinder den Begrüßungsritus beendet haben.

Beim Abschied wird dieses Zeremoniell wiederholt, doch erhält diesmal jeder eine Frucht oder eine Blume von den Gaben, die sich neben dem Guru aufgehäuft haben. Das ist der Prasāda, den der Besucher mit beiden Händen empfängt und dann andächtig zu seinen Augen führt. Prasāda ist allgemein gesprochen jede Gnade, die von oben kommt und auch jedes Zeichen dieser Gnade. Insbesondere ist Prasāda die rituelle Gabe, die der Gläubige zunächst im Tempel opfert und nach der Pūjā wieder in Empfang nimmt. Warum also sollte auf besondere Weise nicht auch die Gabe, die man aus der Hand eines Heiligen empfängt, Prasāda, Zeichen der Gnade sein; sind die Heiligen nicht noch leuchtendere Verkörperungen der göttlichen, unendlichen Gegenwart als andere, als die Götterbilder im Tempel? Der Prasāda des Guru, sei er nun ein Blatt, das Teilchen einer Blume, einige Krümel Kuchen, wird immer mit Andacht empfangen. Man trägt ihn mit sich nach Haus und teilt ihn mit seinen Angehörigen.

Die Kinder haben es bald heraus, dass der Prasāda beim Abschiedszeremoniell verteilt wird. Es fehlt also niemals an kleinen Taugenichtsen, die ununterbrochen begrüßen und sich wieder verabschieden. Der Guru lächelt nur und gibt ihnen stets etwas, solange noch eine Banane oder Orange übrigbleibt.

Die Besucher kamen aus der Stadt und aus den Nachbardörfern. Sie kamen oft sogar aus Tiruvannamalai. Es waren hauptsachlich frühere Schüler des Maharshi, die glücklich waren, wieder einen lebendigen Meister zu haben, um aus seinem Munde das Echo der Lehre Sri Ramanas zu vernehmen. Schulbuben kamen oft herein, bevor sie zur Schule gingen oder auf dem Rückweg und blieben einen Augenblick; sie wohnten meist im benachbarten Agrahāram. An Prüfungstagen hat mit Sicherheit keiner von ihnen das Prüfungszimmer zu betreten gewagt, ohne zuvor den Segen des Swami erhalten zu haben.

Eine arme Frau trat ein, warf sich zu Boden und legte ihre bescheidene Gabe, Früchte und Blumen, nieder. Der Swami streckte wie üblich seine Arme aus in einer Geste, oder *mudrā*, der Güte und Gnade, und murmelte: »Om, Deva.«

»Nun, *amma*, woher kommst du? Wie geht es euch in eurem Dorf, wie geht es deiner Familie? Deinem Mann, deinen Kindern, geht es ihnen gut?«

Die Frau begann mit einer langen Geschichte. Ihr Dorf war etwa dreißig Kilometer weit entfernt. Sie hatte früher schon einmal den Swami mit ihrer ältesten Tochter besucht, aber das war im anderen Ashram, in Sittilingamadam. Der Swami hatte sie damals gesegnet, die Mutter und ihre Tochter, und sein Segen hatte Früchte getragen. Diesmal war sie zwar alleine gekommen, doch hatte sie wieder die Sorge um ihre Tochter zum Swami gebracht. Sie war im heiratsfähigen Alter und zwei Vettern baten gleichzeitig um ihre Hand; der Sitte ihrer Kaste zufolge hatten beide das Recht, sie zu heiraten. Die arme Mutter war ratlos; wem sollte sie ihre Tochter geben? In ihrer Verzweiflung war sie zum Guru gekommen, um ihn um Rat zu fragen.

Die Erklärungen der Dorffrau waren reichlich verworren gewesen, und ihr Dialekt war nicht immer leicht zu verstehen. Als man endlich verstanden hatte, ging ein großes Gelächter durch den Saal. Nur der Swami blieb ernst. Mit großem Einfühlungsvermögen fragte er nach Einzelheiten, erkundigte sich nach den Wünschen der Tochter, stellte Fragen über die beiden Vettern und bat die Frau schließlich, sich ruhig hinzusetzen. Einige Zeit später begann er wieder mit ihr zu reden, munterte sie auf, bat sie, im nächsten Monat nach dem Tag des Vollmonds, der ein Festtag war, zurückzukommen und dann auch ihre Tochter mitzubringen.

Schließlich erschienen noch zwei Bauern in der Tür, machten ängstliche Gesichter und drückten sich schüchtern in der Nähe der Tür herum; sie wagten es nicht, nach vorn zu gehen, um den Swami zu begrüßen. Doch Sri Gñānānanda hatte sie bemerkt. Er fragte sie, was sie wollten. Die zwei murmelten bescheiden ihre Bitte, und die Antwort des Swami ließ an Klarheit nichts zu wünschen übrig:

»Wenn ihr krank seid, geht zu einem Arzt; der gibt euch Pillen und Säfte so viel ihr braucht. Wenn eure Frau oder eure Tochter Angstzustände hat oder ein böser Geist sie arg belästigt, geht zum ›Sprecher der Mantras‹. Ganz in der Nähe gibt es einen Moslem, der ein Meister der Teufelsaustreibung ist. Wenn ihr aber ein Mittel gegen spirituelles Unwissen wollt, so kommt zu mir. Doch lasst euch gesagt sein, hier gibt es weder einen Arzt noch einen Sprecher der Mantras. Hier werden nur die Krankheiten der Seele behandelt.«

Auf Bitten eines Besuchers erklärte Sri Gñānānanda den Namen des Ashrams Tapovanam. *Tapas* heißt wörtlich Hitze, Glut und im übertragenen Sinn Andacht, Inbrunst, strenge Lebensführung, Askese; *vana* heißt Wald oder Hain. Vor vielen Jahrhunderten gab es in Indien mächtige Urwälder, in die sich die Eremiten zurückziehen konnten; sie aßen nur wilde Früchte und Wurzeln und verbrachten die Zeit in der Kontemplation Gottes. Zumindest in Tamil Nadu gab es keine dichten Wälder mehr. Fast alles war kahlgeschlagen, die Landschaft hatte sich verändert. Wenn es schon keine Wälder mehr gab, sollte man wenigstens bestimmte Orte jenen Menschen überlassen, die ein Leben der Einsamkeit, Askese und des Gebets führen wollen. Dieser Ashram war für Menschen gebaut worden, die wenigstens ein paar Stunden ihrer Zeit dem Leben des Geistes widmen wollen – weit weg von der Menschenmenge und dem täglichen Einerlei –, um dort die passende Unterweisung in der Meditation zu empfangen.

Die Unterhaltung ging weiter. Er begann mit den einfachsten Gedanken und Beispielen und wusste stets ein Mittel, womit er den Geist auf die höheren spirituellen Wahrheiten und zu den eigentlichen Problemen lenken konnte. Jedenfalls vermochte nichts seine Milde und Güte zu erschüttern.

Vanya hatte sich in seine Nähe gesetzt und nahm begierig jedes Wort von seinen Lippen in sich auf. Bald bemerkte er, dass sich der Swami mehrmals erkundigte, ob die Milch angekommen sei. Vanya verstand sofort, dass sie für ihn und seinen Begleiter bestimmt war. Da der Guru kein Mittagessen anbieten konnte, wollte er ihnen zumindest eine kleine Erfrischung reichen.

»Swami-ji«, sagte er schließlich, »warum machen Sie sich so viel Sorgen um uns? Wir sind doch nicht wegen der leiblichen Nahrung hierhergekommen. Uns dürstet nach der ›Milch der Weisheit‹. Wir brauchen Eure Belehrung, mehr wirklich nicht.«

Milde wie immer, ohne die Stimme zu erheben oder hastig zu sprechen, antwortete der Swami: »Es gibt eine Zeit für die geistige Nahrung und eine Zeit für die leibliche. Ein Kälbchen darf nicht ständig die Milch der Mutter trinken. Sie weiß, wann und wieviel es trinken darf. Genauso ist das mit der Milch der Weisheit.«

Ob ihre Fragen gelegen kamen oder ungelegen, jedenfalls versuchten alle, das Beste aus diesem Gastmahl zu machen. Jeder stellte dem Meister alle möglichen Fragen über *jñāna*, die Weisheit, und über *dhyāna*, die Meditation, die zur Weisheit führt. Unglücklicherweise saß ein durchreisender Sādhu, Shivaprakasham mit Namen – »die Herrlichkeit Shivas« – neben dem Swami. Er sprach weder richtiges Englisch noch Tamil, denn er stammte aus dem Kannada sprechenden Teil des Landes, wo er, wie man sagte, ein Journalist gewesen war, bevor er *sannyāsa* angenommen hatte. Er unterbrach das Gespräch dauernd, schnitt dem Guru sogar oft das Wort ab und sperrte dabei seinen zahnlosen Mund weit auf, grinste selbstgefällig und unterstrich seine lauten Worte mit übertriebenen Gesten.

Vanya war schrecklich gereizt und merkte, als er sich umschaute, dass er nicht der einzige war. Deshalb sprach er den Besserwisser an: »Maharaj, wir sind hierhergekommen, um die Lehren von Guruji zu hören. Seine Lehrweise ist unvergleichlich. Kommentare sind wirklich unnötig und nur hinderlich. Wir wollen allein seine Worte vernehmen und zwar schweigend...«

Der Sādhu griff das Stichwort auf, Schweigen sei dies, Schweigen sei jenes, und er begann, einen *śloka* nach dem anderen zum Ruhme des Schweigens aufzusagen.

Vanya musste an sich halten, um nicht herauszuplatzen; er hätte ihm gern mitten ins Gesicht gesagt, dass Schweigen zunächst einmal hieß, den Mund zu halten.

Shivaprakasham redete unverdrossen weiter. Er erkundigte sich nach den Namen der beiden Ausländer, fragte nach Jahr und Ort ihrer Geburt und nach einer Menge anderer Dinge. Am frühen Morgen hatte der Guru ihnen einige einfache Fragen gestellt, sehr zurückhaltend und eher aus Höflichkeit, um sie kennenzulernen und nicht aus Neugier. Es genügte ihm zu wissen, dass die beiden aus Europa stammten, dass sie einige Jahre zuvor nach Indien gekommen waren, an einem bestimmten Ort wohnten und ihre Zeit hauptsächlich mit Meditation und stillem Gebet verbrachten. Namen, Heimatland, religiöses Bekenntnis, das alles war ihm gleichgültig.

Vanya entgegnete dem Störenfried: »Maharaj, es tut mir leid, aber diese Fragen sollte man nicht stellen, besonders nicht unter Sādhus. Sie sind sinnlos. Vom Tag, an dem jemand *sannyāsa* empfangen hat, besitzt er weder eine Heimat, noch ein Haus zum Wohnen. Seine Heimat ist dort, wo er sich gerade aufhält. Sein Vaterland, sein Geburtsort, woher er kommt und wohin er geht – wenn Sie sich schon so ausdrücken müssen – ist das nicht einzig jene ›Höhle des

Herzens‹, von der die Heiligen Schriften sprechen? Diese *guhā*, diese Höhle des Innern, in die er immer tiefer einzudringen sucht? Dieses ockerfarbene Gewand, das meinen Körper bedeckt, ist das nicht gerade das Zeichen, dass ich alles aufgegeben habe, dass ich nichts mehr auf dieser Welt mein eigen nennen darf? Was ich war und wo ich war, gestern oder vor zehn Jahren, was hat das schon zu bedeuten? Oder wo dieser Körper geboren wurde, und welchen Namen ihm die Menschen, die ihn nach der Geburt versorgten, gegeben haben? Der echte Sādhu hat weder Namen noch Ort, ja er sollte sogar sein ›Ich‹ verloren haben!«

Swami Gñānānanda war sichtlich froh über Vanyas Antwort. Er blickte Shivaprakasham an und sagte nur noch: » Warum diese Fragen? An all diese Dinge, nach denen du fragst, sollte er sich nicht einmal mehr erinnern können!«

Milch und Kaffee wurden gebracht und dazu Früchte und Süßigkeiten. Vanya und Harold wurden ins Nebenzimmer geführt, damit sie ihren Imbiss in Ruhe einnehmen konnten. Die Post kam und alle zerstreuten sich im Haus und im Garten. Der Swami hatte trotz seiner hundertzwanzig Jahre noch sehr große Spannkraft, er setzte sich im Yogasitz auf das Mäuerchen vor der Veranda und begann, die Postkarten und Briefe zu lesen, die man ihm gebracht hatte. Wer wollte, konnte ihm dabei zuhören. Was für Geheimnisse konnten die Briefe schon enthalten? Ihr Inhalt war fast immer der gleiche. Man bedankte sich bei Swami-ji für seinen Segen, für die Gedanken, die man durch seine Fürsprache empfangen hatte, für seine stets so liebenswürdige Gastfreundlichkeit. Häufig berichtete man über Geldschwierigkeiten, über schlechte Gesundheit, andere erbaten seinen Segen oder wollten sein Gebet für das Studium der Kinder, für geplante Eheschließungen. Wenn er alle Briefe gelesen hatte, diktierte Gñānānanda die Antworten – in keiner vergaß er, wenigstens ein Wort der Ermutigung zu sagen und zu versichern, dass er an sie dachte und sie segnete.

Hinter dem Haus stand ein großer Mangobaum und daneben ein mächtiger Baumstumpf. Vanya setzte sich darauf, ein wenig abseits von der Menge.

Es waren kaum fünf Minuten verstrichen, da kam eine Gruppe Brahmanen zu ihm – wozu sie, wie Vanya später erfuhr, die Erlaubnis des Guru bekommen hatten. Vanya wehrte sich energisch, als die Brahmanen sich anschickten, das übliche Begrüßungszeremoniell auszuführen. »Ist das statthaft in dem Ashram eines so großen Swami? Ihm allein gehören alle Ehrerbietungen!«

Das Ergebnis seiner Worte war nur, dass sie umso mehr von seiner heiligen Lebensführung überzeugt waren. Sie setzten sich schließlich um ihn und unterhielten sich mit ihm halb auf Englisch, halb auf Tamil.

Einige kamen aus Tirukoyilur, die anderen aus dem Agrahāram in der Nachbarschaft, unter ihnen war auch der Advokat, der Sri Gñānānanda dieses Grundstück und das Haus geschenkt hatte. Einer war Polizeioffizier, andere waren Bauern. Die Antwort, die Vanya Shivaprakashams zudringlichen Fragen gegeben hatte, ermutigte die Brahmanen natürlich nicht, zu viele persönliche Fragen zu stellen. Übrigens geschieht es häufig unter Hindus, dass ein Fragesteller sich mit einer spirituellen Antwort zufrieden gibt, wenn seine Frage auch weltlich gemeint ist. Man erwartet doch von einem *sannyāsī*, dessen Darshana man bekommt, eine Hilfe, um sich über die Sorgen des Alltags zu erheben, bis man in das innere Mysterium eindringt, das einen frommen Hindu immer in seinen Bann zieht. Die Gruppe sprach natürlich vor allem über den Swami, den alle sehr verehrten.

»Als ich jung war«, erinnerte sich einer, »habe ich mir weder aus der Religion noch den Gesetzen etwas gemacht. Meine Eltern verzweifelten an mir. Die Sādhus habe ich besonders verabscheut und sie für faule Kerle gehalten... Und jetzt gibt es für mich trotz meiner Bildung, meiner Stellung, meines Reichtums keine größere Freude und höhere Ehre, als ihr Darshana zu bekommen, mich vor ihnen niederzuwerfen und ihnen zu dienen. Es vergeht kein Tag, an dem ich nicht wenigstens ein paar Minuten mit meiner Frau und meinen Kindern hierhin komme und den Segen Sri Gñānānandas empfange. Diese Verwandlung verdanke ich nur ihm. Durch ihn habe ich Gott wiedergefunden.«

»Sein Segen begleitet uns überallhin«, fuhr ein anderer fort. »Das wird uns oft durch besondere Erfahrungen bewusst. Einmal war mein Kind todkrank. Ich hatte Swami-ji oft angefleht, ihm zu helfen, doch die Krankheit wurde immer schlimmer. An jenem Mittag hatten wir alle Hoffnung aufgegeben. Es war nur eine Frage von Stunden. Ich wusste mir nicht mehr zu helfen, ich nahm mein Auto und fuhr rasch zu ihm. Er würde mir wenigstens Kraft geben, damit ich diesen Schicksalsschlag ertragen kann. Ich komme an, werfe mich schluchzend vor ihm zu Boden und berichte ihm vom Zustand meines Sohnes. Er hebt mich auf, blickt mich mit seinen so zärtlichen Augen, die du jetzt auch kennst, an und sagt: ›Dein Kind? Warum beunruhigst du dich? Es geht ihm doch gut! ‹ Ich wollte es nicht glauben. Doch er bestand darauf und bat mich, sogleich nach Hause zurückzukehren. Als ich ankam, war das Leben meines Kindes außer Gefahr!«

Der Lebensweg des Swami war für alle ein Rätsel. Eines nur war sicher, nämlich dass er vor etwa dreißig Jahren nach Sittilingamadam gekommen war. Er hatte zuerst im Tempel gelebt, er hatte nicht gesprochen und sich seine Nahrung erbettelt. Damals hatte er einen langen Haarschopf getragen, der bis zu seinen Füßen reichte; manchmal hatte er ihn auch um seinen Kopf gewickelt. Seine Kleidung hatte lediglich aus einem *kaupīna* bestanden, einem Stück Tuch zwischen den Beinen. Später hatte man ihn überreden können, in einer kleinen Hütte zu wohnen, und nach einiger Zeit hatte man ihm ein Haus geschenkt. Seitdem hatte er nicht mehr um seinen Reis betteln müssen, denn es hatte immer jemanden gegeben, der sich um ihn kümmerte. Er hatte schließlich sein Schweigen gebrochen und auf Fragen geantwortet. Eines Tages hatte er seine langen Haare abgeschnitten und begonnen, einen Dhoti zu tragen. Er wurde in der ganzen Umgebung berühmt. Viele Leute kamen, um ihn zu sehen, oft von weither, um seinen Rat und seinen Segen zu bekommen.

Und davor? Davor hatte er in Vellanatham, in der Gegend von Salem, gewohnt. Dort hatte man ihm einen großen Ashram gebaut, der jetzt leer stand. Er besuchte ihn von Zeit zu Zeit, um seine Schüler, meist arme Weber, zufriedenzustellen. Er hatte dreißig oder sogar vierzig Jahre dort gelebt, hieß es. Man erzählte sich auch, bevor er nach Vellanatham kam, hatte er in der Nahe von Coimbatore gewohnt, in einem Dorf namens Vannandur. Auch andere Ashrams tragen seinen Namen: in Krishnapuri, Ehavani, Idapadi, Anankur. Sie schienen immer auf die gleiche Weise entstanden zu sein: Gñānānanda kam an einen bestimmten Ort und blieb dort, um zu meditieren; nach und nach wurde er bekannt und man baute ihm einen Ashram. Dort blieb er eine Zeitlang, unterwies den, der Unterweisung suchte und verschwand eines Tages wieder. Im Ashram von Vellanatham gab es noch einen Kalender von 1872. Der Brahmane, der diese Geschichte erzählt hatte, sagte zum Abschluss: »Solange der Swami unter uns zu leben gewillt ist, wollen wir das Beste daraus machen; wir müssen alles vermeiden, was ihn verärgern könnte, damit er uns nicht verlässt.«

Sri Gñānānanda gab nur sehr zurückhaltende Auskünfte über sein früheres Leben. Wer ihn nach Einzelheiten fragte, dem antwortete er jedesmal: »Später! Später!« Wenn man ein Lebensdatum genau wissen wollte: »Oh, das ist schon lange her... schon so lange her!« Man wusste immerhin, oder man glaubte zu wissen, wo er geboren war, nämlich in Mangalagiri in der Kannada sprechenden Landesprovinz. Sein Vater war Venkatapati Rao, seine Mutter Chandasikla Baï. Er lief von zu Hause fort, als er elf oder zwölf Jahre alt war, nach einem Streit mit seinem älteren Bruder, der ihn geschlagen hatte. Es heißt, er traf dann einen Sādhu und wanderte mit ihm in die Himalayas. Andere behaupten, er sei zuerst nach Vellanatham gekommen und von dort sei er nach Kashmir gegangen. Auf alle Falle war Kashmir ein bedeutender Meilenstein in seinem Leben. Er erwähnte Kashmir nie ohne einen Anflug von

Heimweh, doch nannte er niemals Einzelheiten. Danach durchwanderte er ganz Indien, außerdem die Insel Sri Lanka und Birma; das haben die Sādhus in der britischen Kolonialzeit häufig getan. Einmal erzählte er Vanya im Vertrauen, dass er Saï Baba, den Heiligen von Maharashtra getroffen hatte. Er kannte auch eine Menge Orte in Tamil Nadu sehr genau.

Er hatte offiziell wohl erst nach vierzig Jahren asketischen Lebens, als Wandermönch oder Eremit, *sannyāsa* bekommen. Er nannte den Namen des Guru, der ihn eingeweiht hatte. Mit Hilfe dieses Namens konnte sein *vaṃśa*, seine Genealogie als *sannyāsī* von Guru zu Guru rekonstruiert werden. Seine Schüler ließen sie drucken und hängten sie eingerahmt in den Saal, in dem Darshana gegeben wurde, neben die Preisgedichte auf Tamil oder Sanskrit, die die Verehrer dem Guru zu den Jahresfeiern schickten.

Sein Alter? Viele sagten hundertzwanzig Jahre. Andere hatten astrologische Berechnungen angestellt und setzten sein Alter auf hundertdreiundfünfzig Jahre an. Wie konnte man ihn aber so alt schätzen, einen Mann mit so viel Geistesgegenwart, jemanden, der noch so rüstig war und sogar das Wasser für sein Morgenbad selbst aus dem Brunnen zog? Er war gut zu Fuß, seine Augen waren scharf, er überwachte das Leben im Ashram genau, in all seinen Einzelheiten, einschließlich der Bauarbeiten. Sein Gesicht hatte keine Falten. Wenn man ihn sah, konnte man ihn nur zögernd auf siebzig Jahre schätzen.

Wie sollte man aber so viele aufeinanderfolgende Ereignisse in einer so kurzen Zeit unterbringen? Oder hatte man, in dem Wunsch, die Größe des Guru noch zu steigern, unbewusst die Aufenthalte an den verschiedenen Orten in die Länge gezogen und nacheinander angesetzt, obwohl sie doch, wie übrigens spätere Nachforschungen zu beweisen schienen, im selben Zeitraum stattgefunden hatten?

Jemand zog ein bedrucktes Blatt hervor. Darauf stand in Tamil, dass Sri Gñānānanda am 30. Januar 1814 das Licht der Welt erblickt hatte. Der Autor? Eine Schülerin, die früher in Bangalore wohnte. Der Swami hatte ihr selbst alles erzählt und ihr sogar die Geschichte seines Lebens diktiert, als sie eines Tages in ihrem Gebetsraum meditierte. Eigentlich war ihr Sri Murugan – das Göttliche Kind, der Schöne Gott der antiken tamilischen Tradition – erschienen, doch hatte sie nicht den geringsten Zweifel, dass Gñānānanda selbst ein *avatāra* von Sri Murugan war, der in dieser Menschengestalt erschienen war, um seine Verehrer zu trösten und zu retten. Als man diese eifrige Schülerin einmal mit angeblich historischen Fakten und Daten konfrontierte, die nicht mit ihren Angaben übereinstimmen konnten, antwortete sie sehr selbstsicher, dass die Quellen, aus denen sie schöpfte, viel glaubwürdiger seien als alle menschlichen Dokumente. »Guru-ji ist mindestens zweihundert Jahre alt«, sagte Murugan Das anschließend. »In meinem Beisein hat er erzählt, dass er einmal neben seiner Einsiedelei in Anankur, im Wald von Perambalur, saß, tief in *samādhi*, als der Prinz Navalu auf der Hirschjagd vorbeikam, ihn erblickte, erschrak und flüchtete. Wie wäre das möglich, wenn er erst im letzten Jahrhundert geboren wurde?«

Und Murugan Das erzählte weiter: »Er wohnte schon hier beim Pennarfluss, als der junge Ramana aus seinem Elternhaus weglief, nach Akhanandanallur ging und die Nacht im Tempel verbrachte. Gñānānanda selbst hat ihm zu Essen gegeben und ihn nach Tiruvannamalai geschickt. Er hat Auveyar, die Lyrikerin des Sangham, die Schwester von Tiruvalluvar, gekannt. Und Auveyar hat vor zwanzig Jahrhunderten gelebt!«

Doch auf welcher Ebene bewegen wir uns jetzt? Wenn ein Jñāni zu uns spricht, kann man immer sicher sein, wie er es meint? Weder die Zukunftsvision eines Propheten, noch den Blick, den ein Heiliger in die Vergangenheit wirft, sollte man mit den Maßstäben messen, die man im allgemeinen in der Welt der Phänomene anlegt. Spricht er zu uns aus der Höhe des Ātman, der Absoluten Wirklichkeit? Oder passt er sich der Sprache der Erscheinungswelt an, um sich seinen Zuhörern verständlich zu machen? Der Ātman ist ungeboren, der Ātman ist überall, er transzendiert Zeit und Raum. Was *wir* als den Körper eines bestimmten Jñānī ansehen, erscheint ihm selbst nicht mehr sein eigen, als irgendwelche anderen

– menschlichen oder nichtmenschlichen – Formen der Schöpfung. Ja, ist der Ausdruck »Jñānī« nicht selbst schon irreführend? Denn er setzt eine Einteilung und Unterscheidung zwischen dem Jñāni und dem sogenannten »Ajñānī« voraus, die im Lichte des Ātman betrachtet, unsinnig ist.

Wer den Ātman erfahren hat, ist immer und überall gegenwärtig. Er ist der junge Ramana, der zum Arunāchala entflieht und er ist der Priester, der ihm unterwegs Nahrung reicht. Er ist der Eremit, der in der Zeit der Rajas im Wald meditiert und er ist der *sannyāsī*, der Auveyar trifft. Er ist Yājñavalkya, der König Janaka die Upanishad des Seins offenbart und er ist der Rishi, der in uralten Zeiten die Veden hörte. Ist er nicht sogar Shiva, im Wald unter dem Banyanbaum sitzend, bedeckt mit seinem Tigerfell, der den Versucher Kāma, den Liebesgott, der ihn ablenken wollte, mit einem Blitzstrahl aus seinem dritten Auge auf der Stirn vernichtet? Und derselbe Shiva, der durch schweigende Unterweisung (Dakshinamūrti) die vier Söhne Brahmas über die höchste Weisheit belehrt? Er ist selbst ohne Gestalt und ungeboren, doch offenbart er in jeder Gestalt einen Teil seines Wesens und bei jeder neuen Geburt kommt auch er wie neugeschaffen auf die Welt.

Dann sagte Vanya: »Was nützt es uns schon zu wissen, ob Swami-ji fünzig Jahre, zweihundert oder meinetwegen vierhundert Jahre alt ist? Gibt uns das *mokṣa*, die Erlösung, die Erfahrung des Einen? Was nützt es uns zu wissen, wo er, sagen wir, vor sechzig Jahren war und wo er im nächsten Jahrhundert sein wird? Selbst von unserem menschlichen Standpunkt aus gesehen, ist er für uns nicht zunächst derjenige, der in dieser Zeit, an diesem Tag das Wort der Befreiung spricht und den Ruf Gottes in unserem Inneren hörbar macht? Diese Worte, dieser Blick, der unser Herz durchdringt, ist das nicht das einzig Wichtige für uns? Ist das Rätsel um seine Vergangenheit, das unserem Verständnis alles außer dem gegenwärtigen Augenblick verhüllt, nicht seine Methode, uns seine größte Lehre verständlich zu machen: dass nur der eine Augenblick zählt, in dem wir uns unserer selbst bewusst geworden sind?«

Eine Art Psalmengesang drang zu ihnen herüber. Einige Brahmanen hatten wie jeden Nachmittag im Darshana-Saal begonnen, das *Vishnu-sahasra-nāma* zu rezitieren, die Litanei der tausend Namen Vishnus. Das bedeutete, dass der Guru wieder im Hause war, und bald saßen alle wieder um ihn versammelt.

Als der Gesang beendet war, näherte sich ihm Vanya. »Swamiji«, sagte er, »heute morgen bin ich einfach aus Neugierde gekommen; und seht nur, was mit mir geschehen ist! Seit Jahren komme ich nach Tiruvannamalai und bleibe monatelang, ganz in Eurer Nähe. Aber erst in dieser Woche habe ich Euren Namen zum erstenmal gehört. Wie kommt es nur, dass gerade heute das Wunderbare geschehen ist?«

»Das bedeutet, dass die Zeit endlich reif war«, sagte er ganz einfach und fügte hinzu: »Komm mich wieder besuchen. Wir haben noch miteinander zu reden. Vor allem kannst du dich hier in Ruhe der schweigenden Meditation hingeben, niemand wird dich stören. Du brauchst dich nicht um Mahlzeiten und dergleichen zu kümmern. Du wirst, von unseren Gesprächen abgesehen, schweigen können. Komm doch in einigen Monaten wieder, nach den Pongalfeiern. Ich erwarte dich.«

DAS BRAHMANENDORF

Frühlingsanfang des nächsten Jahres kam Vanya wie geplant nach Tapovanam zurück, diesmal aber allein.

Sri Gñānānanda hatte den Sonntag für ihr Wiedersehen bestimmt. Er selbst wollte an diesem Tag von einem kurzen Aufenthalt in seiner Einsiedelei von Sittilingamadam nach Tirukoyilur zurückkehren. Vanya kam am Nachmittag im Ashram an. Ein junger Mann aus dem Nachbardorf, Kusipalayam, bewässerte gerade die Blumenbeete und jungen Bäume. Er erkannte Vanya wieder und sagte: »Swami-ji kommt erst morgen früh zurück. Inzwischen kannst du dich in dem Zimmer, das er dir zugewiesen hat, einrichten.« Vanya hatte einige Früchte mitgebracht, um sie, dem Brauch entsprechend, dem Swami anzubieten. Er wollte sie am Abend essen, denn am folgenden Tag würden sie bestimmt verdorben sein. Er hatte sie im Geiste bereits dem Guru geopfert, waren sie also nicht schon Prasāda?

Der Montagmorgen ging vorüber, ohne dass Sri Gñānānanda erschien; keine Menschenseele kam zum Ashram. Vanya lernte später verstehen, dass die Pläne des Swami ganz unvorhersehbar waren, niemand konnte sie voraussagen. Die Entscheidungen eines Jñānī hängen selten von langen Überlegungen ab, wie konnte er sich auch jemals gebunden fühlen? Er handelt aus der Inspiration des Augenblicks. Niemand weiß, woher ihn der Geist bringt und wohin er ihn fortträgt, der Jñānī überlässt sich ganz dem Wehen des Geistes. Es kam zum Beispiel vor, dass Gñānānanda alles für eine Reise vorbereitet hatte, und zur festgesetzten Stunde unterbrach einer seiner Schüler seine Arbeit und kam mit seinem Auto aus der Stadt, um den Guru ans Ziel der Reise zu fahren. Wenn der Guru noch beschäftigt war, etwa mit einem unangemeldeten Besucher, verschob er die Abfahrt auf den folgenden Morgen. Der Schüler warf sich dann schweigend vor ihm zu Boden und kehrte heim. Kaum war er zu Hause angekommen, erschien ein Bote, ganz außer Atem, um ihn zurückzurufen. Ohne jemals ein Wort zu sagen, ohne eine Rechtfertigung oder Erklärung zu verlangen, kehrte der Schüler sofort zurück und fuhr mit seinem verehrten Meister fort. »Er weiß besser als wir, was gut für uns ist«, schloss der Brahmane, der Vanya diese Dinge einige Tage später erzählte. »Wir können uns glücklich schätzen, dass er unsere bescheidenen Dienste annimmt.«

Es wurde Mittag. Kein Guru, kein einziger Besucher. Allmählich wurde Vanya hungrig. Tirukoyilur war wirklich zu weit entfernt, wenn man der Straße folgte, und zu dieser Stunde das Flussbett zu überqueren war unmöglich, denn der Sand war glühend heiß. In den Nachbardörfern konnte man nichts zu essen kaufen.

»Eine gute Gelegenheit«, dachte Vanya, »einen Tag lang wie ein richtiger Sādhu zu leben. Ich werde meine Nahrung als *bhikṣā* erbetteln.«

Vor einigen Jahren hatte er es schon einmal versucht. Er war zuerst in die Krypta des Patala Linga im großen Tempel von Tiruvannamalai gegangen, um sich zu sammeln, zum selben Ort übrigens, an dem Ramana Maharshi in seiner Jugend lange Zeit gelebt hatte. Arunāchala Ayyar, ein alter Brahmane und früherer Begleiter des Maharshi auf dem Berg, der jetzt in diesem Tempel lebte, wies ihn an, die drei Straßen der Stadt entlangzugehen, auf denen er in fast jedem Haus ein wenig Reis als Almosen bekommen würde. Doch leider fehlte ihm der Mut und er hatte es nicht gewagt, auch nur an einer Türe anzuklopfen. Diesmal fühlte er sich sicherer. Er würde zu dem Agrahāram gehen. Bei seinem ersten Besuch in Tapovanam hatte er mehrere Einwohner kennengelernt. Sicherlich würden sie seine Schale füllen. Vanya nahm also Wanderstab und Bettelschale, wickelte ein Tuch um den Kopf, denn die Sonne brannte vom Zenith, und schlug entschlossen den Weg zum Dorf ein.

Auf dem Weg erkundigte er sich genauer, wo das Agrahāram, oder »Agaram«, wie man in dieser Gegend sagt, liege. Bei dieser Gelegenheit konnte er mit den Bauern, denen er begegnete, ein paar Worte wechseln. Einer begleitete ihn eine ganze Weile, bis er seitlich abbiegen musste. Bevor sie sich trennten, sagte er: »Swami, seid so gut und bleibt einen Augenblick stehen, bitte.«

»Warum?«

»Damit ich Euch mein *namaskāram* anbieten kann!« Und ohne die Erlaubnis abzuwarten, verneigte er sich bis zum Boden. Für einen gläubigen Hindu ist die Begegnung mit einem Sannyāsi immer eine Gnade. Wer sich vor ihm verneigt, verehrt in Wirklichkeit den Herrn des Universums und den Meister der geheimsten Winkel seines Herzens. Ein Europäer würde wohl nur daran gedacht haben, diesen seltsamen Mann zu fotografieren. Müssen wir nicht noch viel von den Demütigen und Einfältigen lernen, denn vergessen wir nicht, ihr Leben war Jesus wohlgefällig, und er dankte dem Vater für sie.

Bald hatte Vanya das Agrahāram erreicht. Man konnte es sofort an seiner Reinlichkeit, seiner Friedlichkeit und seinen beiden Tempeln erkennen. Wie gewöhnlich war der Tempel rechts am Dorfeingang Shiva geweiht, und der andere, am hinteren Dorfrand neben der Straße, Vishnu-Perumal.

Aber Vanyas frohe Selbstsicherheit war bereits zerronnen. Er bemühte sich, langsam, ganz langsam zwischen den zwei Häuserreihen entlangzugehen. Einige Häuser standen zwar offen – denn man soll um *bhikṣā* niemals in einem Haus bitten, dessen Tür geschlossen ist –, doch fehlte ihm jetzt der Mut, sich ihnen zu nähern. Er hoffte, jemanden zu treffen, der ihn wiedererkennen würde. Doch die Straße war menschenleer. Erst später erinnerte er sich daran, dass die Brahmanen in Südindien im allgemeinen ihre Mahlzeit gegen zehn Uhr einnehmen. Jetzt hielten sie also ihre Siesta.

Schließlich kam er am anderen Ende des Agrahāram an. Er entschloss sich, ein wenig im Schatten des Perumal-Tempels auszuruhen, denn die Sonne war unerträglich heiß geworden, und der Straßenstaub brannte schmerzhaft auf seinen Fußsohlen. Leider war sogar das Mandapa des Tempels geschlossen. Er glaubte in einiger Entfernung einen Bach oder einen Teich zu sehen und ging in die Richtung, vorbei an widerwärtig schmutzigen Hütten und Höfen. Aber es gab keine Bäume, kein sauberes Wasser! Er war gezwungen, umzukehren und auf demselben Weg durchs Dorf zurückzuwandern. Inzwischen hatte er sich entschlossen zu fasten. Plötzlich fand er auch einen guten Grund für diesen Entschluss. Der Guru würde ja am Nachmittag zurückkehren, und dann würde es ein gutes Abendessen geben. Die Verehrer würden Früchte und Süßigkeiten mitbringen, um die Rückkehr des Swami zu feiern...

Als Vanya in seinen Überlegungen bis zu diesem Punkt gekommen war, wurde er auf Englisch angesprochen: »Kommen Sie mit mir, der Tempelpriester ruft Sie.«

Schweigend folgte Vanya dem jungen Mann, der ihm vorausging und auf dem ganzen Weg leise vor sich hin summte. Sie gingen wieder an den verkommenen Hütten vorbei, zurück zum Shiva-Tempel. Die Tür öffnete sich weit. Der Priester trat auf die Schwelle und leerte, ohne ein Wort zu sagen, eine Kupferkanne Wasser auf Vanyas staubigen Füßen aus – eine rituelle Geste, die ihm vertraut war. Er ließ sich ein paar Tropfen in die gehöhlte Hand gießen, führte sie zu den Augen und machte dann das große *namaskāram.*

Dann konnte er den Shiva-Tempel betreten. Der Priester fragte ihn weder nach seinem Namen, noch nach seiner Kaste oder seiner Religion. Die Kleidung, die Vanya trug, war ein deutliches Zeichen dafür, dass er zu den Menschen gehörte, die sich Gott schon in dieser Welt ganz und gar hingegeben haben. Wer ihn empfing, empfing Gott selbst. Wer ihm zu essen gab, speiste den Herrn selbst, oder genauer, man gab Gott den Reis zurück, der doch ursprünglich von ihm gekommen war. Das hat noch einen größeren Wahrheitsgehalt als die Liturgie, die täglich vor den Steinfiguren des Tempels, die doch nur »Zeichen« sind, gefeiert wird. Im tamilischen Shivaismus heißt die Mahlzeit, die man Mönchen anbietet, deshalb auch »Maheshwars-pūjā«, das heißt rituelles Opfer (*pūjā*) für den Höchsten Gott (*Mahā-Īśvara).*

Nicht nur in christlichen Klöstern wird ein Gast wie der Herr selbst aufgenommen, werden ihm die Füße gewaschen, liest man in seiner Gegenwart aus den Heiligen Schriften. Diese wunderbaren Übereinstimmungen über die Jahrhunderte und Kontinente hinweg finden wir in den Menschen, die in ihrer Seele das Mysterium der Gegenwart Gottes entdeckt haben. Das ist wieder ein Beweis – wenn wir noch Beweise brauchen –, dass es in der gesamten Schöpfung keinen Platz gibt und keinen Winkel im Herzen des Menschen, der vom Geist nicht berührt wird.

Auch die Heiligen Schriften fehlten nicht bei der Begrüßungsfeierlichkeit. Sobald sich der Bettler Gottes gesetzt hatte, nahm Venkatesha, der Mann, der ihn zum Tempel geführt hatte, ihm gegenüber Platz. Während der ganzen Zeit hatte er die heiligen Worte des Veda auf den Lippen. Er wurde nicht müde, sie zu wiederholen, wie andere fromme Hindus den Namen Gottes in einer ununterbrochenen Litanei wiederholen.

Der Priester besprengte den Boden vor seinem Gast mit Wasser aus dem Tempelbrunnen, legte ein Bananenblatt vor ihn, sprengte nochmal Wasser, stellte den Silberbecher, der nur für Gäste bestimmt war, daneben. Vanya befeuchtete seinerseits das Bananenblatt und machte darauf das Zeichen des *praṇava.* Die Frau des Priesters brachte Reis und Gewürze und servierte die Mahlzeit. Vanya segnete sein Essen, indem er die hohle Hand, in die die Frau einige Wassertropfen goss, in einer rituellen Kreisbewegung um das Bananenblatt führte, dann schlürfte er die letzten Tropfen aus seiner Hand.

Nach dem Essen brachte man einen der Sitzteppiche, die den Tempel an Festtagen schmücken, und bat ihn, den Boten Gottes, darauf Platz zu nehmen. Einer stellte eine Schale heiliger Asche, in der wohlriechende Weihrauchstäbchen steckten, vor ihn hin. Bald hatte sich eine ganze Gruppe Menschen um ihn versammelt: Männer, Frauen, Kinder. Alle wollten das Darshana dieses Sādhu bekommen, dessen Haut noch heller war als die der Brahmanen. Sie wollten ihn mit dem großen *namaskāram* begrüßen und als Prasāda wenigstens einige Staubkörnchen Asche erhalten.

Mit einigen Worten erzählte ihnen Vanya, wie er zum Agrahāram gekommen war und vertraute darauf, dass sie ihm aus Frömmigkeit und Barmherzigkeit gewiss eine Handvoll Reis als Almosen geben würden. War es nicht Īshvara selbst, der durch die Hände der Menschen *bhikṣā* verteilte, und auch Īshvara, der es durch den Sādhu empfing? War nicht Shiva selbst mehrmals als Wandermönch auf der Erde erschienen, um die Ernsthaftigkeit seiner Verehrer auf die Probe zu stellen? Der Herr lebt in dem Gläubigen, dessen Hände die Speisen bereiten und anbieten, er lebt in dem anderen, der sie isst und schließlich lebt er auch in der Nahrung selbst.

»Ich wusste«, sagte die Frau des Priesters, »dass mich der Herr heute besonders segnen würde. Als ich heute morgen aufwachte, hörte ich den *palli* (Eidechse) im Osten singen. Ich habe es auch meinem Mann erzählt. Und siehe da, Sie sind gekommen!«

Ein wenig später zeigte ihm Kailasanadar, der Priester, der Vanya begrüßt hatte, gemeinsam mit seinem achtzigjährigen Vater den ganzen Tempel. Er war Shiva geweiht, dem Herrn des Berges Kailas, der als der heiligste Gipfel des Himalayas und als die eigentliche Wohnstätte des Beherrschers aller Welten gilt. Der gegenwärtige Tempelpriester trug selbst den Namen dieses Berges. Das Mysterium der Shakti – die Verkörperung von Gottes dynamischer Machtentfaltung im Universum – verehren die Besucher dieses Tempels unter dem Namen Kamachi Ammal. Man führte Vanya in verschiedene Kapellen: in die des Ganapati Vigneśvara, dem »Befehlshaber der himmlischen Heerscharen« und dem »Vernichter der Hindernisse«; in die von Dakshinamūrti, dem Meister des Schweigens, der seine beiden Hände in den Mudrās der Gnade und der Weisheit ausgestreckt hält; in die von Murugan, dem Gott der ältesten tamilischen Tradition, der später mit Subrahmanya oder Skanda oder

Shanmukha aus der Tradition des Nordens verschmolz. Im Zentrum aber stand das Heiligtum des Shivalinga. Hinter dem Tempel war ein winziger Garten mit ein paar Bäumen, einigen Blumen und einem Brunnen für liturgische Zwecke. An der Vorderseite stand ein Mandapa, eine Säulenhalle, die mit den Opfergaben der Dorfbewohner erbaut worden war. Stolz zeigte man Vanya auch die Kultgegenstände, die kürzlich die Pilger von der Kumbhamela aus Kumbakonam mitgebracht hatten.

Als die Sonne etwas niedriger stand, begleitete der Priester Vanya zum Pennar, der einige hundert Meter weiter vorbeifloss. Das Flussbett war fast trocken, es gab nur einen dünnen Rinnsal Wasser genau in der Mitte. Kailasanadar benetzte sich Gesicht und Hände und trank ehrfurchtsvoll ein paar Tropfen. Dann zog er aus seinem Gürtel ein Säckchen Asche, das er immer bei sich trug, vermischte ein wenig Asche mit Wasser und zeichnete sich auf Stirn und Brust drei weiße Streifen, die Symbole eines Shiva-Verehrers.

Sie kehrten ins Dorf zurück. Vanya ließ sich leicht überreden, im Agrahāram zu bleiben, bis der Guru zurückgekehrt war, wovon sie, versicherten die Brahmanen, sogleich erfahren würden. Die Stunde des abendlichen Kultes war inzwischen gekommen. Vanya hatte ihn oft in den großen Tempeln miterlebt, doch selten war er so tief beeindruckt davon wie an diesem Abend in dem unscheinbaren Dorftempel.

Wir sollten uns bewusst werden, dass dieselben zwei Tageszeiten, in denen schon in der ältesten christlichen Tradition Gebete verrichtet wurden, auch von den Hindus, und zwar bis auf den heutigen Tag, besonders heilig gehalten werden. Es sind die beiden geheimnisvollen Stunden der *sandhyā*: das Zusammentreffen von Nacht und Tag, die Zeiten der Morgen- und Abenddämmerung. Beim frühesten Morgenschimmer steht der Brahmane im Fluss und erwartet die mystische Stunde. Gibt es keinen Fluss in der Nähe, stellt er zumindest einen Krug reinen Wassers neben sich. Das Wasser ist nämlich der »Zeuge« aller kultischen Feiern, es kann sogar ein Gottesbild ersetzen. Er nimmt sein Bad, rezitiert seine Mantras, besonders den Gāyatrī-Mantra, spritzt rituell Wasser auf den Kopf, die Stirn, die Ohren, die Augen, auf jedes Sinnesorgan und jeden Teil des Körpers. Es ist wie ein Weiheritus – man opfert das reine Element Wasser den Gottheiten (*devas*), die – so glaubt man – die verschiedenen Funktionen des Lebens »regieren«. Er wendet sich zu den heiligen Punkten des Universums und betet mit gefalteten Händen die Devas an, die sie beschützen. Er wirft Wasser in die vier Himmelsrichtungen, taucht dreimal ins Wasser ein, wobei er Nase und Ohren zuhält, und wenn schließlich die Sonne am Horizont erscheint, hebt er die Hände über den Kopf, legt sie zusammen und, in jener herrlichen Geste der Verehrung, wirft er sich vor der Sonne zu Boden, die nun voll sichtbar wird und am Firmament emporsteigt. Nur wer ganz unempfindlich geblieben ist für das Mysterium des »heiligen Lichtes«, das im Inneren des Menschen und in der Weite des Kosmos zugleich ist, für jene wunderbare Epiphanie Gottes in seiner Schöpfung, nur der kann solche Riten Aberglauben und Abgötterei nennen. Gottes Epiphanie entfaltet sich im Rhythmus der Zeit, oder besser sie trägt in das Leben der Menschen die Zeit hinein und sie schwingt mit ihnen im Rhythmus der unendlichen göttlichen Freiheit. In keinem anderen Teil der Welt hat man das Mysterium der göttlichen Gegenwart so intensiv erfahren, und das seit frühester vedischer Zeit. Diese ungemein dynamische Gegenwart enthält die ganze Machtfülle der göttlichen Shakti. Wir können sie mit der *shekina* in der jüdischen Tradition vergleichen. Es ist eine Gegenwart, die in jedem Wesen, das die Hände des Schöpfers gebildet haben, lebt und in jeder Phase im Leben des Menschen und des Universums wirksam ist. Die Kreisläufe der Tage, Monate, der Jahre sind alle an die Bahnen der Sterne gebunden, in denen sich das geistige, ungeschaffene Licht zum Wohl der Menschen sichtbar manifestiert.

Das Mysterium des Lichtes ist auch mit dem Mysterium des Wassers verbunden: mit dem Wasser, aus dem das Feuer geboren wird, wie die Veden sagen, dem reinigenden und lebensspendenden Wasser, das der Symbolik der Genesis zufolge schon vor der

Erschaffung des Lebens existiert hat und später im Christentum das Sakrament der geistigen Wiedergeburt symbolisieren sollte.

Das Bad ist in Indien, wie übrigens in Qumran, nicht einfach eine Sache der Hygiene. Besonders für den Brahmanen ist es eine kultische Handlung. Gibt es im Leben des Menschen überhaupt Handlungen, die gänzlich profan sind? Die vielfältigen Riten, die ein Brahmane während des ganzen Tages ausführen muss, sollen daran erinnern, dass nichts im Leben profan ist. Das Bad, und überhaupt jede Waschung, ist eine lebenserneuernde Berührung mit dem Urwasser, aus dem die Schöpfung entstanden ist, und diese Berührung hat besondere Kraft in dem Augenblick, wenn beim Aufgang der Sonne alles Leben neu erwacht. Es gibt kein besonderes Wort zur Bezeichnung des Wassers der Reinigung bei den Brahmanen in Tamil Nadu: Alles reine Wasser heißt *tīrtha,* heiliges Wasser.

Der Ritus zum Empfang des Tages wird abends der Ritus des Abschieds, der liturgische Eintritt in das ambivalente Mysterium der Nacht. Beide Riten sind Früchte jahrhundertelanger Überlieferung. Sie stammen aus jener uralten Zeit, als die Menschen die Riten für notwendig hielten zur Erhaltung des Kosmos und des regelmäßigen Ablaufs der Jahreszeiten. Man glaubte, dass in den Sandhyā-Riten die Unterbrechung zwischen Tag und Nacht, Schlaf und Wachen ausgeglichen würde und die Zeit Beständigkeit und Dauer bekomme, im Menschen sowie im gesamten Universum.

Die Abenddämmerung ist die günstigste Zeit zum Gebet. Die Arbeit des Tages ist beendet, der Mensch kann seine Sorgen und alltäglichen Beschäftigungen leichter vergessen, um sich ohne Ablenkung in Gott zu sammeln und seiner Gegenwart hinzugeben. Zu dieser Tageszeit füllen sich in ganz Indien die Tempel mit Menschen, die zur Anbetung kommen.

In diesem Agrahāram gibt es vielleicht fünfundzwanzig oder dreißig Häuser. Von den hundert bis zweihundert Einwohnern bleiben nur wenige der abendlichen Anbetung fern. Sie besuchen das Haus Gottes wenigstens einige Augenblicke lang, beten und flehen zu Gott um Schutz.

Der Priester Kailasanadar und sein Vater sind damit beschäftigt, die Lampen in den Kapellen und im Mandapa herzurichten, dann beginnen sie mit der Pūjā: mit dem Reinigungsbad der Gottesfigur und dem Blumenopfer.

Währenddessen kommen Brahmanen und Brahmaninnen, machen mehrmals den rituellen Rundgang um das Heiligtum und verehren dabei jede *mūrti* wie es ihr zukommt. Vor Ganapati zum Beispiel tanzen sie ein paar Schritte, sie sammeln sich vor Dakshinamūrti und klatschen in die Hände, wenn sie zur Nische treten, in der Cindikesvar steht – man muss ihn nämlich aufwecken, erklären sie, er ist dauernd in Kontemplation versunken. Wenn sie schließlich vor das Heiligtum des Shivalinga in der Mitte des Tempels treten, werfen sie sich nieder mit dem Gesicht nach Norden gewandt. Männer und Frauen, Alte und Junge folgen einander in dieser endlosen Prozession. Die jungen Männer und Kinder – diese schönen jungen Brahmanen mit ihren goldfarbenen Oberkörpern, tiefen Augen und langen schwarzen Locken zeigen einen Eifer, der dem der Älteren keineswegs nachsteht. An ihren Gesichtern und Bewegungen kann man ablesen, mit welchem Ernst sie den überlieferten Ritus ausführen. Die älteren Geschwister tragen die Kleinsten auf ihren Armen, und die Mütter nehmen selbst die Köpfchen der Kleinkinder und neigen sie vor dem Gottesbild.

In dem Halblicht des Heiligtums singen die Priester ihre Litaneien und werfen Blüten und Blätter auf den heiligen Stein. Manchmal hallt die Glocke durch das niedrige Gewölbe. Damit kündigt der Priester einen besonders wichtigen Augenblick in der Liturgie an, wenn er Lichter oder *ārati* opfert. Die Gläubigen strömen dann zusammen und drängen sich um die enge Tür, um das Darshana des geheiligten Feuers zu bekommen.

Wenn alles vorüber ist, tritt der zelebrierende Priester mit dem Tablett in der Hand hervor, auf dem der Kampfer brennt – der Kampfer, der ganz verbrennt und keine Asche hinterlässt: das Symbol der Seele, die ganz von göttlicher Liebe verzehrt wird. Jeder nähert sich dem Priester, berührt die Flamme, sodann die Augen und drückt geweihte Asche auf seine Stirn, als Ausdruck einer intensiven Sehnsucht nach der Begegnung mit Gott.

Die Menge verläuft sich und die Tempeltore werden verschlossen. Die Lampen aber brennen weiter in den geheimen Nischen und Ecken des Heiligtums, denn sind die Lampen einmal zur Ehre Gottes entzündet, müssen sie brennen bis das Öl verbraucht ist. Wer einmal von Herzen geschenkt hat, darf die Gabe nicht wieder zurücknehmen.

Vanya nützte diesen Augenblick, um einmal allein in die innerste, in die enge und numinose Kammer einzudringen, wo sich von seinem schalenförmigen Sockel der heilige Stein des Shivalinga erhob.

ALLEIN IM TEMPEL

Wer das Heiligtum eines Shivalinga betritt, wird sich seiner Ausstrahlung schwerlich entziehen können. Man fühlt sich in die Tiefen seines eigenen Herzens versetzt: Diese nackte, dunkle Kammer, die durch einen langen Gang und manchmal durch mehrere Vorhallen von dem Mandapa getrennt ist. Und in der Mitte nur dieser einfache zylindrische Stein mit abgerundeter Kuppe, der mit den sparsamsten Mitteln der Form das Mysterium dessen, der keine Form hat, darstellen will.

Außerhalb stehen verschiedene *mūrtis,* etwa Shiva in der Gestalt des Ganapati, des Anführers (*pati*) der himmlischen Heerscharen (*gana*), oder Murugan mit seinen sechs Gesichtern, seinem Pfau und seinem Dreizack. Er ist, so berichten die puranischen Legenden, ein Sohn Shivas, wie übrigens auch Ganapati (oder Ganesha). Hier steht auch Pārvatī, die Verkörperung der geheimnisvollen Shakti, dargestellt in ihren verschiedenen Erscheinungsformen, einmal milde, einmal furchterregend. Jede Erscheinungsform besitzt ihren eigenen Namen. Die Shakti symbolisiert die Teilhabe der Schöpfung am göttlichen Sein und an seinem Überfluss von Natur und Gnade, durch die Shakti weitet sich Shiva bis zu den äußersten Grenzen des Seins aus. Im letzten Mandapa ist *Naṭarāja*, der König des Tanzes. In einem Feuerkreis tanzt Shiva den herrlichen Tanz des kosmischen Spiels. Es ist auch ein Siegestanz, denn er stampft auf dem Körper des *asura,* des Dämonen, den er gerade zu Boden geworfen hat. Hier steht auch Bhairava, die schreckliche

Erscheinungsform Shivas als Weltenzerstörer am Ende der Zeiten. Im Süden *(dakṣiṇa)* steht Dakshinamūrti, der Meister, der jenseits aller Worte die Weisheit lehrt... Das alles sind verschiedene Manifestationen des einen Herrn. Es ist des Menschen Eingeständnis, dass nichts in der Schöpfung ohne seine göttliche Gegenwart existiert und dass alles von Gnade und Heiligkeit durchdrungen ist – auf allen Stufen des Lebens, der tierischen und menschlichen, der weiblichen und männlichen, in den gnadenvollen und schrecklichen Erscheinungsformen des Lebens.

Je tiefer der Mensch in das symbolische Heiligtum dieses Steines eindringt, desto tiefer wird er in das symbolische Heiligtum seines eigenen Wesens versetzt. In ihm offenbart sich in tiefer Dunkelheit das Mysterium Gottes, in ihm liegen die letzten und ursprünglichen Geheimnisse der ganzen Schöpfung offen.

Wir erleben hier das Mysterium des Schöpfergottes und des Gottes, der die Liebe ist, jenes Gottes, der den Menschen in seiner wunderbaren Epiphanie im Kosmos und in der Heilsgeschichte erscheint. Doch noch wesentlicher, jenseits von allem, was wir über Gott aussagen, wissen und empfinden können, jenseits aller »Erinnerung« an uns selbst, erfahren wir durch das Shivalinga das Mysterium Gottes wie er in sich selbst ist, in seiner Göttlichkeit, seinem Selbstsein, seiner Unaussprechlichkeit. Kein Wort, das der menschliche Verstand prägt, kann es erfassen, kein Laut, der ans Ohr dringt, es ausdrücken, keine Form, die das Auge erkennt, es offenbaren.

Im Bereich der Laute ist der *praṇava* das Symbol dieses unergründlichen Mysteriums, der ausgesprochene Vokal O (der Zusammenklang der Vokalverbindung a – u), Abdunkelung des uranfänglichen A. Er ist Ausdruck heiliger Furcht, aber auch ekstatischer Freude, die das Eindringen in das Mysterium entfacht. Der Laut endet in einem unbestimmten, nasalen M. Dieses OM ist der letzte Laut, mit dem der Mensch noch versucht, Gott auszudrücken, nachdem alle Worte und alle Begriffe und Vorstellungen bereits aufgegeben worden sind, kurz vor dem Eintritt ins endgültige Schweigen, in das kein Laut dringt, außer dem ewigen OM, welches das sich selbst überlassene Geschöpf niemals zu hören vermag.

Im Bereich des Sichtbaren und Berührbaren ist das Shivalinga das letzte Zeichen jenes Einen, den keine Form fähig ist, auszudrücken oder gar zu enthalten. Das Linga ist gleichzeitig »mit und ohne Form«, wie sich die Lehrbücher des tamilischen Shivaismus ausdrücken, es steht an der Grenze zwischen dem Manifestierten und Unmanifestierten. Es ist das Äußerste dessen, was der Mensch noch durch Berührung und Anblick von dem Einen begreifen kann, wenn er von dem wesentlich Jenseitigen getroffen wurde: Parama Shiva – der in der Erscheinung des Feuerlinga auf dem Gipfel des Arunāchala offenbar wurde.

Die Kammer, in der das Shivalinga steht, heißt auf Sanskrit *mūlasthāna* oder *garbhagṛiha. Mūla* heißt Ursprung, Quelle, *garbha* der Mutterschoß, *sthāna* bedeutet Ort, Wohnung, *gṛiha* das Haus. Ist das Heiligtum des Shivalinga, auf der Ebene der Symbole und Kultmythen, nicht in der Tat der Ort par excellence der göttlichen Wiedergeburt, oder in der Sprache der griechischen Mysterien der Ort der letztendlichen Initiation?

Wenn der Hindu den Weg betritt, den die alten Rishis gewiesen haben, und die Welt seines Innern zu entdecken beginnt, jenseits der Laute, der Formen, aller Worte und Gedanken – sogar jenseits der notwendigen Erfahrung des Todes und des Nichts –, dann endlich kommt die Stunde seiner vollkommenen Erneuerung. Für den Christen bedeutet sie die Erfahrung der Auferstehung des Herrn, nachdem dieser Tod und Hölle überwunden hat. Des Menschen Begegnung mit Gott ist Neugeburt nach der Erfahrung des Todes. Der Mensch kann Gott nicht sehen, ohne vorher sich selbst gestorben zu sein. Mehr noch, er kann sich selbst nicht in seiner höchsten und eigentlichen Wirklichkeit erkennen, wenn er nicht gestorben ist und wieder neu geboren wurde – in Gottes eigenen Bereich hinein. Will das Shivalinga und das Heiligtum, welches es birgt, nicht eben diese Gedanken ausdrücken und ihnen in seiner Weise Gestalt verleihen? Die Wohnung Gottes auf Erden – und das wollen doch alle Tempel symbolisch sein – muss für den Menschen ein Ort der Wiedergeburt sein, ein geheimnisvoller Mutterschoß, dem er wie neugeschaffen entspringt, in der unergründlichen Liebe Gottes zu neuem Leben geboren als von Anbeginn geliebter und auserwählter Sohn: So sagt und weiß der Christ, den der Geist durch seine »innere Salbung« belehrt hat.

Der Europäer macht sich oft über den sogenannten phallischen Charakter des »heiligen Linga« lustig. Das Wort *liṅga* hat tatsächlich diese Bedeutung im Tamil und Sanskrit, neben vielen anderen, die sich alle von der Grundbedeutung des *Zeichens* ableiten. Die shivaitischen Schriftsteller unserer Tage wehren sich im allgemeinen gegen diese Interpretation und geben der Degenerierung einiger Sekten die Schuld daran, dass man da und dort rohe phallische Lingas antrifft. Jedenfalls haben wir keinen Grund zu glauben, dass das Shivalinga jemals den obszönen Charakter besessen hat, den seine Spötter ihm beimessen, selbst wenn es ursprünglich ein Phallussymbol gewesen ist. Es ist unbestreitbar, dass es in seinen wahren Verehrern keine unanständigen Gefühle oder Vorstellungen weckt. Der Ursprung des Lebens ist heilig, auch wenn er von den Menschen, besonders in der sogenannten zivilisierten Welt, noch so sehr entwürdigt wird. Warum kann also das Symbol der Zeugung nicht auch in sakralem Zusammenhang das Symbol der Erneuerung sein? Das erinnert den Menschen außerdem an die unvergleichliche Würde seines Körpers –, den Gott nicht nur geschaffen, sondern auch selbst angenommen hat.

Vanya blieb lange Zeit unbeweglich, allein im Halbschatten vor dem Steinsymbol stehen. Die Dunkelheit und die Stille des Abends ließen die Krypta noch numinoser werden, und erinnerten an jene »Krypta« des Herzens, die *guhā*, die der mystischen Tradition Indiens so lieb ist, der wahre Ort – wenn man von Ort noch sprechen kann – der geheimen göttlichen Neugeburt, die das Steinzeichen symbolisiert und der Ritus in Erinnerung ruft. Ihn überkam eine Art Verzauberung. Ihm war, als ob er mit jedem Augenblick immer tiefer in sein Inneres vordringe. Alles in diesem Heiligtum schien die Archetypen, die im menschlichen Herzen verborgen liegen, auf eine wunderbare Weise auszudrücken und zu befreien. Hier zeigt sich der religiöse Genius Indiens, der uns durch Riten und Tempelarchitektur, durch Mythen und durch den gesamten Lebenslauf des Menschen immer von neuem an das Wesentliche erinnert, und uns unermüdlich einlädt, in unserer Wesenstiefe das vollkommene und erhabenste Mysterium des Selbst in seiner Freiheit zu entdecken.

Die Minuten vergingen, glücklich und friedlich. Der Geist vermochte nicht länger zu erfassen, was geschah, er ließ sich forttragen, gab sich einfach auf in Erwartung jenes Todes, der Leben schenkt.

Diese Nacht verbrachte Vanya allein im Tempel. Allein, eingehüllt in das Mysterium der Göttlichen Gegenwart. Kailasanadar hatte ihm gesagt, ein weltlich gesinnter Mensch sei unwürdig, im Tempel zu essen und zu schlafen, doch wer schon in diesem Leben die Welt transzendiert hat und in Gott lebt, ist für den die Wohnung Īshvaras nicht der einzig angemessene Aufenthaltsort?

Während der ganzen Nacht lag er zwischen den Säulen des Mandapa ausgestreckt, in einem Zustand des Schlafes und des Wachens zugleich. Später erinnerte er sich daran, was seinen Geist in dieser Nacht berührt hatte, es schien ihm von einem tiefen Erlebnis zu stammen. War es ein Traum gewesen? Oder eine Meditation bei vollem Bewusstsein? Wer konnte es sagen? Er war von einer starken Empfindung der Gegenwart Gottes wie durchdrungen. Alles erschien ihm als eine *mūrti*, als Manifestation, als das Gesicht Gottes – alle Formen, die das Sein annimmt, alle Formen, Riten, Gesänge, heiligen Sprüche, mit denen der Mensch versucht, das Mysterium der Göttlichen Gegenwart aufzuspüren und zu benennen, all das fließt im hinduistischen Mythos zusammen zu dem letzten Symbol: dem Shivalinga.

Können wir nicht überall auf Erden dieses Zeichen entdecken, das Linga des Herrn, der alles erfüllt und doch immer und unendlich weit alles überragt! Und ich selbst bin zuallererst dieses Linga, sagte sich Vanya. Die Hymnen der Veden sind das Shivalinga. Alles was man aussprechen, sehen, denken oder hören kann, ist einfach nur das Zeichen dessen, der alle Zeichen übersteigt.

Doch wer könnte den Herrn und sein Zeichen voneinander scheiden? Wer wüsste in dieser geschaffenen Welt mit Sicherheit zu trennen zwischen Gott, wie er in sich selbst ist, und Gott, wie er sich in der Welt manifestiert? Das kleinste Sandkorn trägt in sich die Ewigkeit und das Selbstsein Gottes. Es würde nicht bestehen, wäre Gott nicht zuerst der Ewige und Einzige. Das Linga ist sein Zeichen, ja sein Wesen. Es gibt kein Zeichen, das nicht auf das Bezeichnende und das Bezeichenbare hinweist. Es gibt keinen Sohn ohne Vater. Es gibt keine Materie, die nicht die Gegenwart des Geistes verkündet. Ist sie nicht sein Zeichen, bereitet sie nicht langsam sein Erwachen vor, ist sie nicht seine Stütze und untrennbar von ihm? Shivas Gegenwart erstreckt sich auf das ganze Linga, in jedem Teil ist er ganz gegenwärtig.

Auf der Ebene der Gedanken kann nichts Shiva von dem Linga, das ihn manifestiert, trennen. Nichtdualität (*advaita*) ist hier das einzig passende Wort. Weder Monismus noch Dualismus: Es ist das reine Mysterium, das den Menschen in der Tiefe des göttlichen Herzens ohne Betätigung des Verstandes ruhen lässt.

Shiva ist ganz im Shivalinga gegenwärtig, im Shivalinga des Heiligtums, des Universums und jedes Lebewesens. Er wohnt im Herzen, ja es ist das Herz, doch nicht das Herz aus Fleisch, nicht ein dialektischer oder ontologischer »Ort«... ein Herz, das ganz im Jenseitigen ist, obwohl es – und gerade weil es – zutiefst im Inneren wohnt. Es ist gleichzeitig absolute Transzendenz und absolute Immanenz.

Wer einmal in dieses Zeichen eingedrungen ist, der versteht endlich, dass alles im Grunde Manifestation, Epiphanie des Herrn ist. Dann haben die Gegensätze und Unterschiede zwischen den vielfältigen Manifestationen keine Gültigkeit mehr, sondern nur noch die eine Eigenschaft, die allen Wesen gemeinsam ist – und zwar jedem und für immer – hat Bedeutung, dass sie nämlich Zeichen

Gottes sind, angefangen vom Atom und vom Wurm bis zu den Sternensystemen. In allem wird nun das *Herz* erfahren – wer es erreicht, hat alles erreicht, hat alles gesehen und weiß alles. Gott allein bleibt, im Selbst.

Erst jetzt können wir die Süßigkeit des Seins kosten. Und diese Süßigkeit verlässt uns nicht mehr, denn in allen Dingen kosten wir nur sie.

Das Shivalinga ist das Symbol Gottes, der in seine Schöpfung eingegangen ist, und vor allem das Symbol des Geschöpfes, das in Gott eingegangen ist. Das Shivalinga steht an der Grenze zwischen Form und Nichtform (*rūpa-arūpa*), von Manifestation und dem ewig Unmanifestierbaren.

Gott ist der Gegenstand der Schau und gleichzeitig ist er das Mysterium des Unsichtbaren. Doch in Wirklichkeit erreicht der Mensch Gott weder mit seinem Blick noch mit geschlossenen Augen, weder durch Handeln noch durch Nicht-Handeln. Gott ist der ewig Jenseitige.

Und Gott ist der unendlich Nahe:

> »Ferner als alles,
> näher als alles,
> innerhalb von allem,
> außerhalb von allem.«

Und Gott ist die Fülle und Unendlichkeit:

> »Fülle hier, Fülle dort,
> Fülle geht aus Fülle hervor,
> Fülle bleibt ewig bestehen.«

(Īsha-Upanishad)

Der Mensch, der diese Fülle erfährt, geht in diese Fülle ein und erkennt sich selbst.

Das Mysterium der Welt ist in diesen Worten ausgedrückt, alles, was meine Sinne fassen, meine Gedanken denken können – das Mysterium meines eigentlichen Seins, was in mir verborgen lebt und das Wesen meines Menschseins ausmacht: dieses Unmanifestierte und Unmanifestierbare in mir und in allen Dingen, das meinem Bewusstsein nicht erreichbar ist, doch die Quelle allen Bewusstseins ist.

Was heißt das eigentlich: die Welt der Zeichen zu übersteigen, die Welt des Linga, das doch schon ganz Shiva ist und in dem Shiva alles ist?

Wer einmal das Nachdenken über sein eigenes Denken und sein Bewusstsein aufgibt, für den bleibt nur eines übrig, nämlich das Selbst im Selbst und durch das Selbst unmittelbar zu erfassen, das Shivalinga in Shivas eigener Einsamkeit zu erfassen, die Fülle ist und vollkommene Durchdringung.

Denn wer diese Einsamkeit erfahren hat, für den gibt es weder außen noch innen, nur noch Sein.

Denn wer das jenseitige Ufer erreicht hat, der kennt, wie Buddha, der Erweckte, sagte, weder ein diesseitiges noch ein jenseitiges Ufer, noch eine Furt über den Fluss oder ein Floß, das ihn hinüberträgt, noch irgend jemand, der hinübergekommen ist... nur das ewige Geheimnis des Seins, das dem Strom des Werdens enthoben ist und doch ganz diesen Strom, durch den es sich manifestiert, erfüllt.

Wir haben das Geheimnis des Shivalinga erst verstanden, wenn wir in Shiva, in sein Herz, eingedrungen sind, in sein jenseitiges Wesen und in das Shivalinga als ganzes. Dieses selbe Geheimnis trägt jeder von uns in der Tiefe seines Wesens und es quält uns, bis wir es gelöst haben.

Im Shivalinga ist Shiva zugleich *a-sparśa* und *a-khaṇḍa:* das Unberührte, das ewig Getrennte und zugleich das Ungeteilte. Er erfüllt alles, er ist überall, doch überall *a-dvaita* und *a-khaṇḍa*, ungeteilt in sich selbst und ungetrennt von allem, was man sich außerhalb von ihm vorstellen könnte. Gleichzeitig ist er *a-sparśa*. Er berührt nichts, nichts kann ihn berühren. Er ist ganz losgelöst und vollkommen unmitteilbar – und doch teilt er sich vollkommen mit.

Shiva ist ganz Shiva in sich selbst und ebenso ganz Shiva in seinem Linga, seinem Zeichen, seiner Manifestation. Er ist von seinem Zeichen nicht trennbar und ist dennoch frei und souverän. Das ist das Mysterium der Schöpfung, die in Gott enthalten ist, die jedoch Gott nicht enthalten kann.

Bin ich nicht in meinem tiefsten Wesen getrennt von allem, und doch strahle ich aus und trete mit anderen in Verbindung? Einerseits bin ich ganz und gar für mich, andererseits ganz und gar der Welt hingegeben. Alles in mir, meine Intelligenz, meine Sinne, mein Körper, sind ausgeweitet und ich erstrecke mich durch sie bis an die kosmischen Grenzen von Zeit und Raum.

Ein Jñānī ist bis in seinen Wesensgrund vorgedrungen und hat im Selbst das Mysterium Gottes in seiner Epiphanie entdeckt. Er allein besitzt sich wahrhaft und er allein kann sich wahrhaft geben. Er allein weiß wahrhaft zu lieben. Nur das, was für sich ist, kann aus sich ausstrahlen. Gottes Transzendenz ist die Quelle seiner Immanenz. Dies sind letztlich nur zwei Bezeichnungen, mit denen der Mensch versucht, die Diesseitigkeit und Jenseitigkeit des höchsten Mysteriums auszudrücken, des Seins, das Form und Nicht-Form zugleich ist.

Vanya dachte an die Gläubigen, deren Hingabe vor dem mystischen Stein er an diesem Abend beobachtet hatte. Aber waren sie nicht auch das Shivalinga, noch wesentlicher vielleicht als der Stein im Heiligtum? Wer verneigt sich und vor wem?

Wenn wir uns von der Herrschaft unseres Körpers lossagen und bereit sind, unsere Verstandeskräfte ruhen zu lassen, dann erst steigt aus dem ursprünglichen Mutterschoß, in den wir endlich vorgedrungen sind, das »reine Zeichen« empor, das der Stein in der Mitte jenes »Ortes der Wiedergeburt« symbolisiert.

Diese Erfahrung übersteigt sogar alle Freude und allen Frieden, wie schon Buddha gelehrt hat.

Um nämlich in der Krypta des Herzens das heilige Linga aufzurichten und zu entdecken, muss alles aufgegeben und überwunden sein:

Friede und das Gefühl des Friedens
und sogar der Gedanke an Frieden,
Freude und der Gedanke an Freude
und alle Gefühle der Freude,
alle Gedanken und alles Verkosten der Innerlichkeit,
der Gedanke und das Empfinden, ein Ich zu sein,
und der Gedanke an die Lösung von allen Gedanken,
und das Empfinden der Lösung von allen Empfindungen...

Dann erst hebt sich der Lotus aus dem Wasser und erblüht, seine Blätter berühren das Wasser, doch werden sie nicht nass. Die Biene kommt und saugt tief von seinem Nektar.

Vanya dachte auch an die vielen Gläubigen, die sich oft vor ihm niedergeworfen hatten. An diesem Abend im Mandapa des Tempels war es noch geschehen. Als ob die Kleidung, die er trug, ihn selbst zu einem Zeichen – zum Linga – werden ließe, zu einem Symbol jenes Mysteriums, das sich im herrlichen Feuerlinga auf dem Gipfel des Arunāchala und ebenso in dem schlichten Steinlinga, das im Heiligtum dieses Dorftempels verborgen steht, ausdrückt:

Shiva verehrt Shiva,
Shiva öffnet gnadenspendend seine Hände vor Shiva,
die *līlā* Shivas...
und auch die Sternensysteme, die sich in unendlichen Räumen umeinanderdrehen,
und die Elektronen, die miteinander spielen, die sich fliehen und sich zusammenballen im Atom,
und die Protonen des Atomkerns, die sich teilen und explodieren,
und die Menschen, die die Welt in die Luft jagen, wenn sich die Protonen wieder vereinen,
all das ist die *līlā* Shivas und seine Linga,
und die Väter und die Mütter und die Kinder,
und die verschiedenen Völker,
und der Mann vereint mit der Frau, Shiva-Pārvatī...

Er träumte, dass jemand nach seinem Namen fragte, dass er die Antwort verweigerte, der andere aber noch dringlicher fragte, bis er schließlich zur Antwort gab:

> Wer bist du, der du nach meinem Namen fragst?
> Wer bin ich, den du fragst?
> Was soll diese Frage bedeuten?
> Ist nicht alles die *līlā* des Herrn?
> Du, ich und alles, was wir sagen?
> Das Mysterium seiner Epiphanie,
> im Herzen des Selbst,
> Shivalinga ...
> OM!

DER SCHREIN IN DER WILDNIS

Am Morgen gegen fünf Uhr ging die Sirene in Tirukoyilur. Vanya erhob sich und begoss sich reichlich mit frischem Wasser aus dem Tempelbrunnen. Kaum zurückgekehrt, trat der Priester Kailasanadar ein, öffnete die Türen des Heiligtums und entzündete die Öllampen zur Vorbereitung der Morgenfeier. Er näherte sich seinem Gast, in der einen Hand hielt er einen Teller Asche und mit der anderen rieb er fröhlich die Asche auf seine Stirn, während er aus ganzem Herzen sang: *Tiru niru, tiru niru,* »die heilige Asche, die heilige Asche«.

Er setzte sich neben Vanya und fuhr nach einer Weile fort zu singen, dann erklärte er ihm den Hymnus. Er war vor fast dreizehn Jahrhunderten von Tirujñānasambandar, einem der größten Heiligen und Dichter von Tamil Nadu, auf einer Wallfahrt nach Madurai komponiert worden. Das Königreich war damals in den Händen einer Dynastie von Jainas und der König benutzte seine Macht, die Shiva-Verehrer grausam zu verfolgen. Eines Tages wurde der Kronprinz todkrank und die Ärzte gaben ihn auf. Der König rief die Priester seiner Sekte herbei, doch ihre Mantras waren ebenso wirkungslos wie die Heilmittel der Ärzte. Die Königin, eine geheime Anhängerin Shivas, flehte den König an, sich nicht länger zu sträuben und diesen Heiligen, von dem ganz Madurai sprach, in den Palast zu rufen. Tirujñānasambandar kam, besuchte das Kind, strich geweihte Asche auf die Stirn und sang dabei *tiru niru, tiru niru...* Natürlich wurde das Kind gesund, der König bekehrte sich, jagte die Jainas aus seinem Königreich und der Shivakult blühte wieder auf im Land von Madurai wie in alten Zeiten.

Kailasanadar begann wieder und noch schöner zu singen:

»Die heilige Asche, die das Leben zurückschenkt,
tiru niru,
die heilige Asche, die den Krankheiten trotzt,
tiru niru,
die heilige Asche, die uns Erlösung bringt,
tiru niru,
was fürchtet der, dessen Stirn mit weißer Asche geschmückt ist?
Welcher Dämon wagte, ihn anzugreifen?
Welcher Feind könnte ihn überwinden?
tiru niru, tiru niru ...«

Dann stimmte er das *Tiru-palli-elucci* an, jenen wunderbaren Morgengesang des Mānikkavāsagar. Das ist er meistgesungene Morgenhymnus der Shivaiten von Tamil Nadu. Sie singen ihn in Erwartung des Sonnenaufgangs, wenn die ganze Schöpfung zu neuem Leben erwacht. Der Gesang ist eine innige Anrufung Shivas, dass auch er sich erheben möge in seinem Tempel und seine Herrlichkeit und seine Gnade in den Herzen aller derer offenbare, die ihn lieben.

Vanya erfuhr nun auch die Geschichte dieses Mānikkavāsagar. Er war der berühmte Minister eines anderen Königs von Madurai, der einige Jahrhunderte später lebte. Eines Tages, als Mānikkavāsagar im prunkvollen Aufzug durch das Land reiste, um einen Auftrag seines Königs auszuführen, kam er zufällig am Tempel von Peruntūrai vorbei. Ein heiliger Mann saß dort unter einem Banyanbaum und predigte. Der stattliche Minister stieg aus seinem Tragsessel und mischte sich unter die Zuhörer. Bald konnte er sich nicht länger halten. Mit den Handen über dem Kopf gefaltet, machte er die *pradakṣiṇā* um den Guru und warf sich zu seinen Füßen nieder, ohne Rücksicht auf seinen Rang und seine Würde – und ohne an den Auftrag seines Königs zu denken. Er warf seinen Schmuck und sein Seidengewand zu Boden, ließ den Tragsessel und die Bediensteten zurück und wanderte als Bettelmönch von Tempel zu Tempel und sang überall von der Herrlichkeit Shivas, seinem vielgeliebten Herrn. Das war eine der zahlreichen *līlās* Shivas im Land der Tamilen, wo er so häufig erschienen ist, hier als Bettelmönch, dort als Weiser, um die Herzen seiner Auserwählten an sich zu ziehen.

Kailasanadar verließ bald seinen Freund, um die Riten des *sandhyā-vandana* zu feiern. Er badete am Brunnen, besprengte Kopf und Glieder, rezitierte den Gāyatrī-Mantra, verneigte sich zu den verschiedenen Himmelsrichtungen, rieb Sandelholzpaste auf seine Stirn und machte dann drei Aschenstriche auf die sechzehn Körperteile. Danach begab er sich ins kleine Mandapa, das dem Heiligtum unmittelbar vorgebaut war, und setzte sich auf den Boden vor einen niedrigen Tisch, auf dem verschiedene Gefäße mit Wasser, zerlassener Butter, Blumen, Reiskörnern und anderen Inhalten standen, natürlich fehlten auch eine kleine Glocke und die Öllampe nicht.

Das ist die Ātmapūjā, erklärte er später, die der Priester ausführen muss, bevor er den Gottesdienst im Tempel beginnt. Wenn Vanya recht verstand, handelt es sich um eine rituelle Verehrung der Gottheit, die im menschlichen Körper wohnt und sich besonders in den fünf Sinnen manifestiert, die die Verbindung mit der Außenwelt herstellen, und in den fünf Arten des Lebensatems im Menschen, die das Leben erhalten. Der Körper des Menschen entspricht der Struktur des Kosmos, so entsprechen die fünf Arten des Lebensatems und die Sinne des Menschen auf verschiedene Weise den fünf Elementen (Erde, Wasser, Luft, Feuer, Äther), den fünf Himmelsrichtungen einschließlich des Zeniths, der Sonne, dem Mond und den Planeten, die am Firmament kreisen, und den vedischen Gottheiten, die die verschiedenen Himmel regieren. Es ist ein tief ergreifender kosmischer Ritus, der sich in Zeremonien und Mantras der Ātmapūjā entfaltet. Er kreist um das Mysterium des Ātman, den

Mittelpunkt des Menschen und des Universums, wie Śāndilya, der Rishi in der Chāndogya Upanishad gesungen hat:

»Derselbe Ātman, der tief im Herzen wohnt,
ist größer als der Himmel und größer als die Erde,
größer als alle Welten...
er umfasst alle Tätigkeiten, alle Wünsche,
ja jeden Geruch und jeden Geschmack,
er erfüllt das ganze Universum,
dieser Ātman in meiner Herzensmitte,
er ist Brahman selbst!«

»Nun ist in dieser Stadt Brahmans (das ist der Körper) eine Wohnstätte, eine winzig kleine Lotusblume. Und darin gibt es einen ganz kleinen Raum. Was darin verborgen ist, danach müsst ihr suchen, das müsst ihr zu erkennen trachten.

So weit das Weltall reicht, so weit dehnt sich auch der Raum im Herzen aus. Darin befinden sich Himmel und Erde, Sonne und Mond, alles was irgendwer auf dieser Erde besitzen kann und alles was er nicht besitzt, alle Wünsche. Das ist der Ātman, das Selbst, er ist frei von allem Bösen und allem Leid, frei von Hunger und Durst, ihn erreichen weder Alter noch Tod, sein einziger Wille ist das Wirkliche, das Wahre.

Dieser Ātman ist im Herzen. Heiter und friedvoll erhebt und befreit er sich von diesem Körper und erreicht das höchste Licht, er erscheint in seiner wahren Gestalt, als die Höchste Person (*uttama puruṣa*), als das Selbst, das Unsterbliche, Furchtlose. Das ist Brahman.«

(Chāndogya-Upanishad)

Die Morgenpūjā im Tempel des Agrahāram wurde von Kailasanadars Vater gefeiert. Kailasanadar selbst ging regelmäßig jeden Morgen bei gutem und bei schlechtem Wetter zu einem alten Tempel, der wenigstens fünf Kilometer von seinem Dorf entfernt lag, jenseits der Felder und der Steppe, um dort den Gottesdienst zu feiern. Bevor er das Haus verließ, nahm er keine Nahrung zu sich, er trug auch keine Sandalen und nahm auch niemals einen Schirm mit, auch wenn der Sonnenschein noch so heiß oder in der Monsunzeit der Regen noch so heftig war.

Der Tempel hatte sehr geringe Mittel, sie reichten gerade aus für das tägliche Reisopfer und das Öl für die Lampen. Der Priester durfte einen Teil von dem liturgisch geopferten Reis behalten – was nach der Speisung der Götter übrig geblieben war – und im allgemeinen noch rund zwanzig Rupien pro Monat als Entgelt. Seit über einem Jahr hatte er aber nichts bekommen. Die Leute behaupteten, dass auf den Feldern des Tempels wegen der anhaltenden Dürre nichts mehr wachse. Kamachi Ammal, die Frau des Priesters, konnte – wie die Anna des alten Tobias – die Gleichgültigkeit ihres Mannes nicht verstehen und beklagte sich in ihrer schlichten Art bei Vanya.

Kailasanadar unterbrach sie: »Habe ich denn das Recht, wegen ein paar Münzen meinen Tempeldienst aufzugeben? Zehn Jahre lang bin ich Tag für Tag zum Tempel von Balasundareśvar gegangen, um Pūjā zu feiern. Und jetzt soll ich aufhören, nur wegen dieser dummen Geldfrage? Zweifellos sind wir arme Leute, wir haben gerade, was wir zum Leben brauchen, für uns und unsere Kinder. Doch durch die Gnade Gottes hat es uns niemals am Notwendigen gefehlt. Wenn ich mich jetzt weigere, weiter dorthin zu gehen, wegen dieser elenden zwanzig Rupien, dann findet in diesem Tempel kein Gottesdienst mehr statt, niemand wird ein Licht opfern oder einen Mantra singen – obwohl dieser Ort von unseren Vorfahren als ein besonders geeigneter Ort für die Begegnung der Menschen mit dem Himmel bezeichnet wurde. Ist das denn die rechte Art, Gott für seine ständigen Gnadenerweise zu danken?«

Und so geschah es, dass Kailasanadar weiterhin jeden Morgen bei gutem und bei schlechtem Wetter den Gottesdienst im Tempel in der Wildnis feierte. Er brach am frühen Morgen von Zuhause auf und kehrte selten vor elf oder zwölf Uhr mittags zurück.

Er hatte so lobend über die Lage des Tempels und besonders über seine Einsamkeit gesprochen, dass Vanya fragte, ob er ihn begleiten könne. Sie brachen gemeinsam auf, gingen schweigend einer hinter dem anderen ihres Weges, auf niedrigen Dämmen, die die Reisfelder voneinander trennten, durch Bäche und durch Dickichte. Der Priester murmelte halblaut seine Mantras und stimmte von Zeit zu Zeit einen Hymnus von Mānikkavāsagar oder anderen Heiligen an. Je länger sie übers Land gingen, das jetzt nur mehr eine Steppe war, desto tiefer und eindrucksvoller wurde die Stille – eine Einsamkeit, wie sie sich Vanya schon oft erträumt hatte. Und am Horizont standen, oh Wunder, die Umrisse des großartigen Arunāchala.

Sie gingen rechts an einem großen Dorf vorbei und erreichten endlich den Tempel. Der Priester hatte ganz richtig gesagt: Sein Zustand ließ sehr zu wünschen übrig. Die Brahmanen, die mit seiner Verwaltung beauftragt waren (sie lebten auf der anderen Seite des Flusses), besaßen längst nicht die Frömmigkeit der Brahmanen im Agrahāram. Sie kümmerten sich offensichtlich nur um ihre weltlichen Angelegenheiten. Die dicke Mauer, die den Tempelbezirk einfasste, war noch gut erhalten, doch alles übrige, besonders die Gebäude neben dem Tempel, sah arg heruntergekommen aus.

In der Mitte des Hofes stand der Tempel mit seinem großen Mandapa, einem Zwischengang und der Kammer des Heiligtums. Den Schrein umringten der Regel entsprechend Kapellen, die Ganapati, Murugan, Dakshinamūrti und anderen Gottheiten geweiht waren. Ein alter Tempeldiener, der aus dem Dorf gekommen war, erwartete den Priester. Er hatte die Tore geöffnet, die Lampen entzündet und das Holz zum Verbrennen vorbereitet. Der Priester schöpfte Wasser aus dem Brunnen im Tempelinneren, besprengte seinen Körper und begann das Reisopfer vorzubereiten. Währenddessen ging Vanya hinüber zum nahegelegenen Fluss und nahm ein Bad.

Er kehrte zum Tempel zurück. Hier gab es tatsächlich nichts, was einen Archäologen anziehen konnte, und noch weniger einen Liebhaber kitschiger Tempelkunst. Nichts gab es hier als das Mysterium des dunklen Heiligtums, in dessen Mitte der nackte Stein emporragte, das Zeichen des Ungestalteten und Ungeformten. Er blieb lange in der Säulenhalle stehen, in Betrachtung versunken, und atmete tief die Göttliche Gegenwart ein, wahrend sein Freund den Gottesdienst feierte.

Dieser Ort war wirklich faszinierend! Dieser Tempel, der nur vom Leben des Geistes im Innern des Menschen erzählte und nur zu dem, der nach innen zu horchen verstand, die Einsamkeit der Umgebung, in die kein Lärm drang, weder aus dem Nachbardorf noch aus dem Dorf auf der anderen Seite des Flusses, dem Turinjal, dieser Fluss selbst, der niemals austrocknete, und die Bäume, die sein Ufer säumten, die äußere Einsamkeit, die ja auf die innere Einsamkeit hindeutet und sie hervorruft, wenn der Mensch sich selbst überwunden hat und nur noch die Göttliche Gegenwart sein verwandeltes Bewusstsein erfüllt, die Gegenwart des Einzigen, des Alleinigen, des unendlich Alleinigen. Vanya sehnte sich danach, eines Tages zu diesem Tempel zurückzukehren und sich in einer Ecke einzurichten. Seine Nahrung würde er sicherlich als Almosen vom Dorf bekommen.

Auf dem Rückweg sprach er über diesen Traum mit seinem Freund. Doch der war keineswegs davon begeistert. »Die Leute werden herbeiströmen, und du wirst keine ruhige Minute haben. Sie werden dich um Prasāda bitten oder um dein Darshana. Außerdem sind die Brahmanen dieses Dorfes nicht besonders fromm. Du siehst selbst, in welchem Zustand sie ihren Tempel lassen. Nach einigen Tagen sind sie es leid, dich zu ernähren. Und wenn du selbst Vorräte mitbringst, erregst du nur die Habsucht der Straßenjungen in der Umgebung. Es wäre so leicht, dir an diesem einsamen Ort alles wegzunehmen.«

Kailasanadar fühlte sich mehr oder weniger für das Wohl dieses ausländischen Sadhu, der in seinem Tempel wohnte, verantwortlich, und er wollte nicht, dass er sich in Gefahren begab... Doch konnte er Vanya nicht ganz überzeugen. Sie entschieden deshalb, diesen Plan dem Guru vorzutragen. Wenn Swami-ji einverstanden wäre, mussten alle Hindernisse wie durch Zaubermacht verschwinden, das gab der Priester selbst zu. Doch die Zeit war noch nicht gekommen.

Vanya blieb noch einen Tag der Gast des Dorfes und seines Tempels, genauer der Gast Shivas, des Herrn von Kailas, der sich herabgelassen hatte, den Fremden in seine Wohnung aufzunehmen, in der ihm Shivas treue Diener in seinem Namen Speise und Trank gaben.

Vanya verbrachte drei wunderbare Tage in diesem versteckten Dörfchen und lebte mit den Menschen wie ein Bruder unter Brüdern – wie einer von ihnen und doch von ihnen abgesondert, durch sein Leben als Mönch, als Geweihter.

In seinem Leben war Vanya natürlich schon mit vielen Hindus zusammengekommen. Er hatte sie in allen menschlichen Situationen erlebt. Seine Beziehungen zu ihnen waren vielfältig gewesen, sie reichten von rein geschäftlichen und formellen Kontakten bis zu herzlichen und tiefen Freundschaften. Er hatte auch viel über sie gelesen. Und doch war diese Teilnahme an ihrem Leben in unmittelbarer Nähe für ihn wie eine Offenbarung. Es ist etwas ganz anderes, wenn man jemand auf der Straße oder in seinem Büro antrifft, wenn er stets eine Maske trägt, oder selbst wenn man seinen Besuch in der eigenen Einsiedelei empfängt – oder aber, wenn man ihn in seinem Zuhause erlebt, an seinem Leben inmitten seiner Familie und seines Dorfes teilnimmt, vor allem in Orten wie diesem Agrahāram, die das beste der alten Tradition und ihre Atmosphäre bewahrt haben.

Zuhause legt der Hindu seine Maske ab, und wir erleben seine natürliche, alltägliche Lebensweise, wir erleben, wie er die tausend Einzelheiten seines Tageslaufes durchlebt, angefangen bei seinem Bad und seiner Mahlzeit, bis zu seinem Gebet und Besuch im Tempel. Gewiss gibt es niedrig gesinnte Hindus, Priester, die den Gottesdienst nur zum Brotverdienst feiern, Heuchler, die ihr Betrügerleben mit Religion bemänteln wollen, Abergläubische und Egoisten, die Gott für ihre Zwecke missbrauchen. Doch gibt es, Gott sei

Dank, im Herzen unserer Städte und Dörfer noch genug Menschen, bei denen sich Traditionsstolz verbindet mit einem tiefen Gefühl der Verantwortung gegenüber Gott und den Menschen. Während der paar Tage im Agrahāram und der zwei Wochen, die er anschließend im Ashram von Sri Gñānānanda verbrachte, erkannte Vanya mit großer Freude, dass Gott seine Gaben an die Menschen niemals ganz zurückzieht. Die Zahl derer, die in ihrer Schwachheit und in ihrem Stolz ihre menschliche Bestimmung nicht erreichen, mag noch so groß sein, es bleibt durch die Gnade Gottes doch immer ein Rest, der die göttlichen Versprechen bewahrt und das Erwachen des Geistes erwartet.

Was kann man über jene drei Tage sagen, die Vanya in Kailasanadars Tempel verbracht hatte? Abgesehen von der Wallfahrt zum Schrein in der Wildnis und dem täglichen Gang zum Fluss, war er nämlich im Tempelinnern geblieben. Vielleicht sollte man die Menschen erwähnen, die darum wetteiferten, Vanya täglich Nahrung zu bringen. Morgens wurde ihm manchmal aus drei verschiedenen Haushalten Milch gebracht. Mittags rissen sich die Familien um die Ehre, ihm eine Mahlzeit zu geben, am Abend kamen wiederum aus mehreren Häusern Milch, Früchte und Süßigkeiten. Die Leute besuchten ihn auch und setzten sich neben ihn, manchmal schon tagsüber, doch vor allem nach der Abendliturgie. Sie fragten ihn wenig, denn sie wussten, dass er nicht gern sprach, und sie entdeckten, dass es besser so war. Der Mönch soll nicht über weltliche Dinge sprechen und von den Dingen des Geistes unterrichtet er doch wirkungsvoller durch sein Leben und seinen nach innen gerichteten Blick.

Sogar die Kinder kamen gern zu ihm, begrüßten ihn ehrerbietig und setzten sich neben ihn. Manchmal besuchten sie ihn nach der Schule, wenn sie noch ihre kurzen Hosen und heraushängenden Hemdchen trugen. Doch recht bald kehrten sie von diesen Verkleidungen befreit zurück. Jetzt hatten sie ihre makellos weißen Baumwolltücher um die Lenden gebunden, die Brust war entblößt, nur die Älteren trugen die Brahmanenschnur quer über der Brust.

Weiße Aschenstreifen glänzten auf ihrer Stirn und ihren Armen, ihre langen schwarzen Haare fielen auf die Schultern. Sie sprachen ein wenig mit Vanya, nannten ihm ihre Namen und die ihrer Kameraden, erklärten ihm ihre Spiele und erzählten ihm von der Schule. Vanya bat sie, sich im Meditationssitz, dem sogenannten Lotussitz, hinzusetzen. Sie kreuzten ihre Beine, ließen die Hände auf den Knien ruhen, wobei sich Daumen und Zeigefinger an der Spitze berührten, hielten ihre Körper aufrecht und blieben schweigend und reglos sitzen. Es war wunderbar zu sehen, wie lange die meisten in dieser Haltung ohne die geringste Bewegung aushielten, sie bewegten nicht einmal die Augen.

Kailasanadars Sohn war einer der treuesten. Er verließ Vanya nur um die Schule zu besuchen und die Mahlzeiten einzunehmen. Er hieß Shanmugan, das war die tamilische Bezeichnung für Shanmukha – einer der vielen Namen von Murugan oder Subrahmanyan, der Gott mit sechs (*ṣaṅ*) Gesichtern (*mukha*), der das ganze Universum auf einmal sieht und dabei doch alle Richtungen und alle Punkte in Zeit und Raum transzendiert. Die Eltern hatten ihrem Kind diesen Namen gegeben, weil er in einer Nacht geboren wurde, die Murugan geweiht war. Er war erst neun Jahre alt, und man spürte bereits, dass er sich in diesem Tempel zu Hause fühlte, dass er sein Leben wie sein Vater und Großvater im Dienst für Shiva, dem Herrn von Kailas, verbringen würde, als der Hüter seiner Wohnung und der Priester seines Kultes. Es war eine Freude zu beobachten, mit welch großer Frömmigkeit er die *pradakṣiṇā* um den Tempel machte, die verschiedenen *mūrtis* verehrte und sich vor dem Shivalinga zu Boden warf. Noch wusste er die liturgischen Mantras nicht auswendig, gestand er Vanya. Doch wusste er schon sehr genau, wie man Blumen opfert und die Lampen während der *ārati* schwenkt. Es war sogar schon vorgekommen, dass er seinen Vater vertreten musste, als jener den Gottesdienst wegen einer rituellen Unreinheit nicht feiern durfte.

Vanya fragte sich, wie er diesem Kind, das so herzensrein war, auf dem Weg zu Gott helfen könne. Es war noch zu früh, mit ihm über den Gott im Herzen zu *sprechen,* deshalb ließ er es einfach sich setzen, sich entspannen und innerlich sammeln. Er zweifelte nicht, dass sich in dem weit offenen, lauschenden Herzen des Jungen das Mysterium von selbst, ohne den Lärm der Worte offenbaren werde.

Eines Abends sprach das Kind von den *pey.* Was im Tamilland *pey* und in Nordindien *bhūt* heißt, deckt sich ungefähr mit der westlichen Vorstellung von »Geistern«. Dazu gehören natürlich die Teufel, aber auch Geister der verstorbenen Menschen und die Feen und Kobolde der europäischen Folklore. In der letzten Nacht hatte ein Freund Shanmugans einen riesigen *pey* auf dem Weg, der von der Landstraße zum Dorf führt, gesehen, und das Kind fügte mit aufgeregten Gesten hinzu: »*Bhayam,* Swami, *bhayam.* Ich habe schreckliche Angst! Ich habe schreckliche Angst!«

»Angst wovor?« fragte ihn Vanya sanft. »Vor dem *pey* natürlich! Wenn der mich sieht, schlägt er mich und trägt mich davon oder tötet mich sogar.«

»Ist der *pey* denn so stark? Wenn nun dein Vater bei dir wäre, hättest du dann immer noch Angst?«

»Natürlich nicht, Swami.«

»Na also! Ist denn nicht immer jemand bei dir, der dich wie sein eigenes Kind liebt, Bhagavān, der Herr, der in deinem Herzen verborgen wohnt?«

»Gewiss Swami.«

»Und ist Bhagavān nicht stärker als der Teufel?«

»Bestimmt.«

»Weshalb hast du dann noch vor Teufeln Angst, wenn Bhagavān bei dir ist?«

»Ich brauche also keine Angst vor Teufeln zu haben?«

»Ganz gewiss nicht.«

»Also gut, Swami. Von jetzt an werde ich keine Angst mehr haben.«

Selbst wenn die Tempeltür geschlossen war, erschien Shanmugan oft im Mandapa, denn das Haus, in dem er wohnte, stand unmittelbar mit dem Tempel in Verbindung. Manchmal trat er abends herein, wenn Vanya gerade meditierte. Dann machte das Kind einfach nur sein *namaskāram* und setzte sich mit gekreuzten Beinen dem Swami gegenüber auf den Boden und verharrte dort in Schweigen. Er betrachtete ihn, nein, streichelte ihn geradezu mit seinen großen tiefen Augen. Vanya versuchte seinerseits in diese wundervollen Augen einzudringen und durch sie hindurch in das Heiligtum seines Herzens, in dem fürwahr der Herr wohnte.

Am Mittwochnachmittag kam die Nachricht, dass Sri Gñānānanda zurückgekehrt war. Vanya nahm seinen letzten Imbiss und verabschiedete sich von seinen Gastgebern.

Kaum hatte er die Landstraße erreicht, da hielt ein Auto. Einer der Schüler hatte den Guru zurückgebracht und war gerade auf der Suche nach Vanya.

Er machte Vanya sanfte Vorwürfe, weil er nicht seine Gastfreundschaft erbeten hatte, bis Swami-ji zurückkommen würde. »Ich hätte Sie so gern bei mir gehabt«, fügte er hinzu. »Als ich erfuhr, dass Sie angekommen waren, habe ich jemanden geschickt, der Sie abholen sollte, aber Sie waren soeben verschwunden.«

Als Vanya am Vortag zum Turinjal zurückgekehrt war, hatte er Sundaram, den ältesten Sohn eines anderen Anhängers getroffen, und auch er hatte ihn zu sich nach Tirukoyilur eingeladen. Aber der Rat des Evangeliums ist gewiss überall gültig: »Geht nicht von Haus zu Haus. Wo man euch aufnimmt, dort bleibt, solange ihr willkommen seid und nehmt in aller Einfalt an, was man euch gibt ...«

Denn sind nicht alle Ereignisse die *līlā* und die Gnade des Herrn?

GNADENVOLLE TAGE

Danach verbrachte Vanya zwei unvergessliche Wochen bei seinem Guru. Es waren Tage des Friedens und der Fülle – jene seltenen Augenblicke des Lebens, die man immer wieder durchleben möchte. In solchen kostbaren Stunden leben und erleben wir uns in einer Tiefe, in der die Welt der Erscheinungen überwunden und die Wahrheit erkennbar geworden ist.

Der Tagesablauf war einfach und sehr flexibel. Am frühen Morgen badete man neben dem großen Brunnen im Hof, oder aber im Fluss einen Kilometer vom Ashram entfernt. Leider war er zur Zeit, es war März, fast ausgetrocknet. Gegen neun oder zehn Uhr kam das Mittagsmahl, danach eine kurze Siesta. Während des ganzen Tages kamen Gläubige aus nah und fern, um das Darshana des Meisters zu bekommen. An einem Sonntag, den Vanya in Tapovanam verbrachte, standen Besucher den ganzen Tag lang Schlange, von sieben Uhr morgens bis acht Uhr abends. Der Guru konnte sich nur mit Mühe zehn Minuten für sein Mittagessen frei machen.

Mittags gab es oft ein regelrechtes Festessen. Ein Schüler von Sri Gñānānanda aus der Stadt oder dem Agrahāram hatte es dann meist spendiert, um auf diese Weise ein Familienfest oder ein Jubiläum zu feiern, oder einfach um dem Guru die Tiefe seiner Verehrung zu beweisen und dafür seine Gnade zu empfangen. Die Speisung von Mönchen und anderen Gästen ist nämlich ein wesentlicher Bestandteil des sozialen und religiösen Lebens der Hindus.

In jenen Tagen wurden die Waschungen vor der Mahlzeit geradezu zeremoniell ausgestaltet. Die Gläubigen baten den Swami, sich auf einen Stein zu stellen, der sich am Eingang zu dem bescheidenen Vorratsraum befand, der als Speisesaal diente. Sie wuschen ihm die Füße, berührten sie liebevoll mit den Händen und schmückten sie mit Sandelholzpaste. Mit gefalteten Händen gingen sie um ihn herum und warfen sich vor ihm nieder. Die Anwesenden nahmen Vanyas Mönchsgewand mehr als einmal zum Anlass, auch ihm diese Ehren zu erweisen.

So viele Dinge lernte Vanya in diesen Tagen, doch musste er ständig auf der Hut sein, die Leute nicht vor den Kopf zu stoßen, sondern den strengen Regeln und Gebräuchen der brahmanischen Gesellschaft von Tamil Nadu in allem zu entsprechen. Ein Fehler hätte bei ihm schwerer als bei anderen gewogen, denn er hatte es gewagt, das Gewand jener Menschen anzuziehen, die allem entsagt haben.

Zum Beispiel hatte Sri Gñānānanda eines Morgens einem englischen Besucher eine Tasse Kaffee angeboten. Und er trank sie, wie Europäer und Nordinder es gewohnt sind, indem er den Tassenrand an seine Lippen drückte. Das geht in Tamil Nadu gegen jede Regel und Norm. Einem Kastenmitglied war es verboten, diese Tasse auch nur anzurühren, nicht einmal, um sie zu waschen. Eine Französin dagegen, eine Professorin in einem College in der Nahe, trank lieber gar nicht während des ganzen Tages, den sie im Ashram verbrachte, denn, so erklärte sie später, sie beherrschte noch nicht die tamilische Weise zu trinken, ohne den Becher zu berühren, doch wollte sie auf keinen Fall gegen die strengen Sitten verstoßen.

Eines Tages saßen alle Gaste auf dem Boden, um ihre Mahlzeit einzunehmen. Die Bananenblätter lagen vor ihnen und sie besprengten und reinigten sie gerade mit Wasser. Swami Gñānānanda hob plötzlich den Kopf und fragte seine Gäste: »Kennt ihr eigentlich die Bedeutung dieser Riten?« Die Brahmanen, die anwesend waren, mussten ihre Unwissenheit zugeben. Und doch haben sie seit ihrer Kindheit diesen Ritus zwei- oder dreimal am Tag ausgeführt, und sie kannten die dazugehörenden Mantras auswendig.

»Aber ihr müsst doch wissen, was ihr tut«, erwiderte der Guru. »Welchen Zweck haben sonst die Riten und Mantras? Schaut her! Zuerst besprengt ihr den Boden, dann das Bananenblatt und schließlich nehmt ihr ein wenig Wasser in die gehöhlte rechte Hand und beschreibt einen Kreis um die Speisen, die ihr essen wollt. Das alles symbolisiert, oder besser noch bewirkt – je nachdem wie groß eure Sammlung und euer Glaube sind – dass diese Nahrung zur Erhaltung eures Körpers abgesondert wird. Es gibt in unserem Leben nichts Profanes. Nichts kann sich von dem Heiligen ausschließen, das in uns wohnt und uns umhüllt, keine einzige Körperbewegung, keine einzige Sinneswahrnehmung. Wasser ist das hervorragendste Mittel der Reinigung. Es wäscht von unserem Körper den Schmutz der Erde und beseitigt rituelle Verunreinigungen, es symbolisiert aber auch die innere Reinigung, die nicht weniger notwendig ist. Alle religiösen Handlungen beginnen mit einem Bad. Wer von euch würde es denn wagen, den Tempel zu besuchen, oder auch nur seine Mahlzeit einzunehmen, ohne vorher diese Pflicht zu erfüllen? Und wenn ihr nach Hause zurückkehrt, müsst ihr euch nicht die Füße waschen, bevor ihr die Türschwelle überschreitet? Das ist ein Zeichen, dass nichts Unreines jemals in das Allerheiligste eurer Seele eindringen darf. Das wird übrigens bestätigt von den bekannten Ausnahmen: Menschen, die gerade vom Tempel oder vom Fluss zurückkehren, brauchen die vorgeschriebenen Waschungen nicht vorzunehmen.

Der Körper ist der Tempel Gottes. Diese Nahrung bieten wir dem Herrn, der in uns wohnt, als ein Opfer an. Dann wird sie vom Feuer der fünf Arten des Lebensatems, des *prāṇa,* verzehrt. Ihr beginnt doch jede Mahlzeit, indem ihr fünf Mundvoll als *agni-hotra* an Ātman zu euch nehmt? Eure Nahrung ist etwas Geweihtes und heilig ist auch die Mahlzeit selbst. Deshalb darf die Nahrung auch niemals von unreinen Händen zubereitet worden sein und auf keinen Fall mit beschmutzten Händen gegessen werden. Wer Speisen isst, die von einem unreinen Menschen zubereitet oder angeboten werden, der hat Anteil an dessen Sünde und wird die Folgen in dieser und in der nächsten Welt tragen müssen. Wer mit beschmutzten Händen oder unreinem Herzen isst, begeht beinahe schon ein

Sakrileg. Deshalb also beschreibt ihr, sobald die Speisen auf eurem Blatt liegen und noch bevor ihr sie berührt, um sie mit Wasser in der Hand einen mystischen Kreis. Auf diese Weise trennt ihr die Speisen von allem, was an ihnen profan und unrein ist und macht sie würdig, der Erhaltung eurer Körper zu dienen. Sodann reinigt ihr symbolisch mit einem Schluck Wasser euren Magen, der die Speisen empfangen und verdauen soll. Schließlich berührt ihr mit eurem Finger den Boden, auf den auch ein Tropfen Wasser gegossen wurde, um anzudeuten, dass uns Gott durch die Mittlerschaft der nährenden Erde mit allen materiellen Gütern segnet.«

Swami Gñānānanda war äußerst gastfreundlich, was die Leute, die das Essen spendierten oder kochten, oft zur Verzweiflung brachte. Fünfzehn Tischgäste waren vorgesehen, doch der Swami lud alle seine Besucher ein, sich die gute Mahlzeit nicht entgehen zu lassen. Und zwanzig, dreißig, vierzig neue Gäste erschienen, um sich am Festmahl zu beteiligen. Eines Tages wurde Gñānānanda zum Schrecken seiner Umgebung sehr ärgerlich und sprach mit einer Härte, die man an ihm sonst nicht kannte. Der Koch, der ihm ergeben war wie kaum ein anderer, doch neu war und die Sitten des Ashrams noch nicht kannte, hatte nämlich trotz großer Anstrengungen nicht den Hunger aller Gäste stillen können. Der Guru weigerte sich, seinen Reis zu essen, bis alle gegessen hatten oder zumindest so taten, als ob sie gegessen hätten. Am nächsten Morgen kam der Koch, warf sich vor dem Guru zu Boden und fragte, für wieviele Personen er Reis kochen solle. »Für sechzig«, antwortete Gñānānanda kurz. Und der Zufall wollte es, dass an diesem Tag kaum ein Dutzend Gäste zum Mittagessen erschienen.

Abends wurde nochmal Reis gekocht und an die »Leute der Welt« ausgeteilt. Der Guru und die Gäste, die Mönche waren, aßen die Früchte und Süßigkeiten, die die Frauen des Agrahāram oder von der Stadt regelmäßig mitbrachten. Denn Sādhus sollen nur eine volle Mahlzeit am Tag essen.

Jeden Nachmittag kamen die Brahmanen des Agrahāram und sangen ihre Mantras; Vanya hatte ihnen schon bei seinem ersten

Besuch zugehört. Kailasanadar war einer der Treuesten und da Shanmugan Ferien hatte, kam er jeden Tag mit. Kailasanadar sang nach den *sūktas* und den Sanskrit-Litaneien oft Hymnen von Tirujñānasambandar oder Mānikkavāsagar. Eines Abends brachte er alle notwendigen Sachen für eine ganz besondere Pūjā mit, die er gern in der heiligen Gegenwart des Guru feiern wollte. Es war immer eine Freude zu sehen, wie er seine priesterlichen Aufgaben erfüllte, und seinem Gesang zuzuhören, denn er goss seine ganze Seele darin aus. Seine Stimme hatte eine herrliche Klangfülle, sie erfüllte die liturgischen Handlungen mit einer beeindruckenden Schönheit und Inbrunst.

Vanya hatte gemeinsam mit Swami Gñānānanda entschieden, dass er während seines Aufenthalts im Ashram so weit wie möglich Schweigen bewahren würde – außer gegenüber dem Guru natürlich. Auf diese Weise würde er nutzlosen Fragen und Gesprächen mit Besuchern aus dem Weg gehen. Von dem Meister versuchte er so viel zu lernen, wie nur möglich. Er saß meist unmittelbar neben ihm im Darshana-Saal. Er hatte ein Anrecht auf diesen Platz wegen seines *kāvi*-Gewandes. Doch beschränkte er sich jetzt im allgemeinen darauf zuzuhören. Er hatte die schönsten Gespräche mit dem Meister, wenn sie allein waren oder am Morgen und am Abend, wenn nur der enge Jüngerkreis im Ashram weilte.

Wenn Europäer kamen, überließ Vanya prinzipiell einem der Brahmanen die Ehre und das Vergnügen zu dolmetschen. Freilich waren ihre Übersetzungen häufig sehr persönlich gefärbt und sogar ziemlich irreführend. Der Übersetzer verstand die Worte des Meisters auf seine Weise, dann veränderte er das Wenige, das er begriffen hatte, um es dem religiösen Verständnis des Abendländers, oder was er dafür hielt, anzupassen. Das Ergebnis war eine recht verschwommene Theosophie. Außerdem ist es unmöglich, die Begriffe und Ausdrücke, die die indischen Sprachen seit Jahrtausenden gebrauchen, um die vedantische Erfahrung wiederzugeben, genau treffend in andere Sprachen zu übersetzen. Wie hätte daher der Übersetzer die Worte Gñānānandas jenen Menschen erklären können, für die die mystische Erfahrung des Christentums als auch des Hinduismus nur aus halbverstandenen Schlagworten bestand?

Sri Gñānānandas Meinung zu diesen Übersetzungsschwierigkeiten war stets die gleiche: »Wie kannst du erwarten, dass sich wahre Weisheit und echte Gotteserfahrung in europäischen Sprachen ausdrücken lässt? Diese Sprachen besitzen nicht das Śabda-Brahman, diesen ›göttlichen Klang‹, der den Worten von innen heraus ihre mystische Bedeutung verleiht. Sie sind zum Gebrauch für *vijñāna,* die weltlichen Wissenschaften, entstanden, doch sind sie ganz und gar untauglich, *jñāna*, die Weisheit, die göttliche Wissenschaft, in Worte zu fassen.«

Wenn die Männer, die im allgemeinen übersetzten, nicht im Ashram waren, musste Vanya doch manchmal dolmetschen. Sicherlich übertrug er die Gedanken und die Lehren des Meisters genauer als die anderen. Sie waren erstaunt und fragten ihn, wie er das nur mache... Nun, man muss das Wort nicht mit dem rationalen Verstand sondern auf einer höheren Ebene, und zwar intuitiv, begreifen.

Als er eines Tages dem Meister die Frage eines Ausländers auf Tamil wiederholte, sagte Sri Gñānānanda einfach zu Vanya: »Was würdest du antworten?« Vanya nannte seine Antwort und zitierte dabei einen *śloka,* den der Swami besonders schätzte. »Warum erklärst du es ihm also nicht selbst?« war die Antwort darauf.

Eines Tages erschien ein junger Ire namens Peter im Ahram, der wie so viele andere in Indien von Guru zu Guru wanderte, auf der Suche nach »spirituellen Erfahrungen«. Er war Kellner in einem Cafe in Dublin gewesen, als er den Ruf Indiens vernommen hatte. Auf der Stelle hatte er alles zurückgelassen, um in die Himalayas zu gehen. Auf seinen Wanderungen nahm er jede Gelegenheit wahr, Swamis und Ashrams zu besuchen, und deshalb war er auch in Tirukoyilur aufgetaucht. Die frommen Frauen von Tapovanam kümmerten sich rührend um Peter, kochten Reis für ihn, vermischten ihn mit verschiedenen Soßen und boten ihn mit mütterlicher Sorgfalt an. Eines Abends nach dem Essen fragte Vanya den jungen

Peter auf Veranlassung von Sri Gñānānanda, warum er nach Indien gekommen sei. »Um Yoga zu üben«, antwortete er. »Wenn du Yoga üben willst«, entgegnete der Guru, »dann beginne damit, dich zu fragen, *wer* Yoga üben will. Suche eine Antwort darauf und lass alles andere beiseite, Lektüre, Gespräche, Reisen, Wallfahrten und so weiter. *Das* ist Yoga.«

Die Lehre von Sri Gñānānanda war der des Maharshi ähnlich. Doch gab es einen Unterschied in der Methode und in der Praxis.

Sri Ramana fühlte sich niemals für die Menschen, die ihn besuchten, verantwortlich. Er betrachtete niemanden als seinen Schüler im eigentlichen Sinne, noch fühlte er sich als der Guru irgendeines Menschen. Die Leute kamen, warfen sich vor ihm zu Boden, vertrauten ihm ihre materiellen, psychologischen und spirituellen Probleme an, stellten ihm Fragen und erhielten bestenfalls von ihm einige Worte der Ermunterung. Er unterhielt sich fast nur mit regelmäßigen Besuchern und den Einwohnern des Ashrams. Und wenn er sprach, dann meist auf einer Ebene, auf der die Individualität und die Welt der *māyā* kaum eine Bedeutung hatte.

Das war der kleinen Kolonie von Verehrern, die sich im Schatten des Ashrams etabliert hatte, gerade recht. Mit ritueller Pünktlichkeit erschien sie morgens und abends zum Darshana von Bhagavān, die Damen in Seidensaris und mit Edelsteinen geschmückt. In der Zwischenzeit übten sie sich in der Meditation und nahmen die mystischen Ausstrahlungen, die nach ihrer Meinung von dem Maharshi ausgingen, in sich auf. In ihren Gesprächen beschäftigten sie sich mit hohen spirituellen Themen und erkundigten sich, während sie an ihren Teetassen nippten, nach dem geistigen Fortschritt ihrer Gesprächspartner. Sri Ramana war natürlich feinfühlig genug, diesen Snobismus in seiner Umgebung zu spüren, doch verlor er niemals ein Wort darüber. Er sprach nie eine Anweisung aus, griff nie in das Leben der Menschen, die sich um ihn drängten, ein.

Gñānānanda glaubte nicht an einen solchen Quietismus. Natürlich ließ er die »Menschen der Welt« – Menschen mit Familie und gesellschaftlichen Verpflichtungen – die zu ihrem Guru kamen, ihm dienten und seinen Segen empfingen, gewähren. Er ermutigte sie sogar und machte sich nichts daraus, wenn sie sich manchmal etwas überheblich benahmen. Gemessen an dem spirituellen Niveau, das sie besaßen, und an der praktischen Schwierigkeit, in ihrer Situation sehr viel mehr zu tun, fand der Guru ihr Verhalten ganz natürlich. Nur den Menschen gegenüber, die keine weltlichen Pflichten besaßen und ihr Leben der Suche nach Gott und geistigen Dingen widmen wollten, war Gñānānanda unnachgiebig. Niemand darf mit der Wahrheit spielen, niemand darf mit Gott spielen. Wer den Weg zu Gott betritt, muss genau wissen, was er tut und aufpassen, dass er sich nicht selbst betrügt. Man soll nicht über die Meditation reden, sondern sie üben und alles andere beiseite lassen. Ein Gottsucher hat Zeit, er fühlt sich nicht gedrängt. Er verzichtet darauf, von Ort zu Ort zu laufen, mit allen über alles zu sprechen und alles zu lesen, was ihm in die Hände fällt.

Er lässt sich an einem Ort nieder und vertieft sich in die innere Schau. Oft musste Vanya im Auftrag des Guru so manchem Bewohner des Ashram diese harten Wahrheiten sagen und sie rücksichtslos an die Wirklichkeit des geistigen Lebens erinnern.

Eines Nachmittags kam eine Gruppe aus Tiruvannamalai. Im Laufe der Unterhaltung erkundigte sich Gñānānanda nach Leuten, die ihn früher schon einmal besucht hatten. Er fragte auch nach einer Engländerin, die ihn letzten Monat in Sittilingamadan besucht hatte. Er erfuhr, dass diese Dame in Kürze zu einer Reise aufbrechen wolle. Ihre Reiseroute konnte sich sehen lassen. Sie wollte auf die Philippinen, nach Japan, in den Irak, nach Holland, Kanada und noch in andere Länder. Gñānānanda brauchte eine Zeitlang, bis er begriff, dann aber kam die Antwort messerscharf: »Was, in ihrem Alter? Will sie uns zum Besten halten? Sie ist über siebzig. Sie muss sich nicht um ihre Familie kümmern. Sie hat alles, was sie zum Leben braucht. Sie ist von niemandem abhängig und ist niemandem verpflichtet. Sie ist nach Tiruvannamalai gekommen, so erklärte sie, um zu meditieren und sich allein um ihr Seelenheil zu kümmern. Und jetzt macht sie eine Weltreise! Was will sie damit erreichen? Niemand darf so mit der Weisheit und mit Gott seinen Spott treiben. Wäre sie wirklich ernsthaft um ihren spirituellen Fortschritt bemüht, würde sie Arunācala nicht verlassen, würde sie Geschwätz und Zerstreuungen aufgeben und sich endlich ganz dem Schweigen und der Meditation hingeben.«

Dieses Gespräch wurde natürlich der besagten Dame noch am selben Abend mitgeteilt. Sie war außer sich vor Wut. »Warum mischt sich dieser Mensch in meine Angelegenheiten ein? Jetzt ist es doch klar, dass er kein Jñānī ist wie Bhagavān (Ramana). Er hat sich nie ins Leben seiner Besucher eingemischt. Er hat über niemanden geurteilt und niemanden verdammt. Er war ein wahrer Jñānī!«

»DAS EINE NOTWENDIGE«

Für Sri Gñānānanda war *dhyāna,* die Meditation, der Kern aller spirituellen Bemühung. Sie war für ihn der erhabenste, der einzig wirksame Weg zur Erfahrung der Göttlichen Wirklichkeit im Innern des Menschen. Wer wirklich diese Erfahrung machen will, muss der stillen Meditation alles aufopfern – natürlich soweit er von Verpflichtungen gegenüber der Familie und der Gesellschaft frei ist. Wer einmal die elementaren Bedürfnisse des Körpers, nämlich Nahrung, Hygiene, Schlaf, befriedigt hat, sollte nur noch ein Ziel und eine Aufgabe kennen: sich in die Tiefen seiner Seele zu versenken.

Wenn man in Gñānānanda drang, genauer zu erklären, was er unter *dhyāna* verstand, dann zitierte er bereitwillig einige kurze, rhythmische Verse auf Tamil, die er unermüdlich wiederholte und erweiterte:

> Kehre dich nach innen,
> dorthin wo nichts besteht
> und achte darauf, dass du nichts einlässt.
> Dringe in deine Tiefe ein,
> bis dorthin wo kein Gedanke besteht,
> und achte darauf, dass sich keiner erhebt!
> Wo nichts ist,
> ist Fülle!
> Wo nichts zu sehen ist,
> die Schau des Seins!

Wo nichts mehr erscheint,
die Erscheinung des Selbst!
Das ist wahrhaft *dhyāna*!

Ein junger Tamile erschien eines Tages in Tapovanam. Er kam von weither und er wollte ein Zimmer in der Stadt mieten, zu bestimmten Zeiten die Unterweisung des Guru empfangen und sich unter seiner Führung in der Meditation üben. Er eröffnete dem Swami seinen Plan und fügte hinzu, dass er in seiner Freizeit gern Sanskrit lernen wolle. Da unterbrach ihn Sri Gñānānanda:

»Mach dir keine Sorgen wegen eines Zimmers und deiner Verpflegung. Du kannst ebenso gut hier wohnen und deine Mahlzeiten hier einnehmen. Auf diese Weise verlierst du keine Zeit für die Meditation. Was das Sanskritlernen betrifft, hör mir gut zu! Es soll eintausendfünfhundert oder noch mehr Sprachen auf der Welt geben. Du fängst mit Sanskrit an, dann willst du Marathi lernen, dann Bengali, dann Chinesisch und so weiter. Deine Muttersprache ist Tamil, nicht wahr? Gewiss hast du den ›Tirukural‹ gelesen? Nun, enthalten nicht jene Verse (die er sodann zitierte) alles, was du für das spirituelle Leben wissen musst? Dann kannst du auch ›Tevaram‹ und ›Tiruvasagam‹ und so viele andere Tamilbücher lesen, die die Heiligen früherer Zeiten hinterlassen haben. Der Vedānta ist auch in Tamil übersetzt worden. Deine eigene Sprache bietet dir alles, was du brauchst, um die wahre Wissenschaft zu erlernen. Warum willst du deine Zeit mit Dingen vergeuden, die nutzlos sind, wo doch nur eines wirklich notwendig ist? Wenn du wirklich *dhyāna* erreichen willst, darfst du nicht nach neuen Dingen Ausschau halten, sondern ganz im Gegenteil musst du alles vergessen, alles endgültig hinter dir lassen, was du je gelernt hast.«

Eines Tages fragte ihn Vanya, ob nicht ein gewisses Maß von *tapas* (Askese) ein unentbehrliches Hilfsmittel sei, wenn man sich ernsthaft in der Meditation üben wolle, und er fuhr fort: »Betrachten Sie Ihren eigenen Lebensweg – Ihr einsames Leben, Ihr Fasten und so weiter, als Sie in den Bergen von Kashmir wohnten;

später Ihr hartes Leben, als Sie kreuz und quer durch Indien wanderten. Hat nicht zumindest ein *sannyāsī* die Pflicht, in Armut und Selbstentblößung zu leben, so wie es die Tradition den Mönchen vorschreibt?«

»*Dhyāna* allein zählt«, entgegnete Sri Gñānānanda. »Alles andere, gleichgültig was es ist, ist zweitrangig und führt nicht unmittelbar zur ›Verwirklichung‹: *tapas,* Einsamkeit, Nachtwachen, Fasten, Armut und Bloßheit. Das allein ist von Bedeutung: sich von allem zu befreien, was daran hindert, sich ganz und gar der stillen Meditation in seinem Innern hinzugeben. Nicht einmal *sannyāsa* ist notwendig. Dieses ockerfarbene Gewand, das wir tragen, ist nicht so sehr für uns als für die anderen bedeutsam. Die *kāvi*-Farbe ruft allen Menschen in Erinnerung und legt unmittelbar Zeugnis dafür ab, dass der Mensch, der sie trägt, von der Gesellschaft getrennt lebt, und dass niemand ihn mit weltlichen Unterhaltungen zerstreuen darf. Die Menschen sollen ihm im Gegenteil auf jede mögliche Weise helfen, ein Leben in Einsamkeit und im vertrauten Verkehr mit Gott zu führen. Die Uniform ist für die anderen, nicht für ihren Träger notwendig. Ein Torwächter oder ein Schaffner im Autobus könnten ihre Arbeit ebenso gut machen, wenn sie wie alle anderen einen weißen Dhoti trügen. Doch dank ihrer besonderen Kleidung wissen alle, dass sie sich an sie zur Erledigung bestimmter Dinge wenden müssen. Ebenso bei einem *sannyāsī,* zu dem die Leute kommen und Hilfe für ihre Seelen suchen. Die Uniform eines Polizisten dagegen hält die Menschen in respektvoller Entfernung und bringt einen potentiellen Übeltäter zur Besinnung. Dient das Gewand des Sadhus nicht recht ähnlichen Zwecken?«

Als eines Tages eine Gruppe Besucher kam, um sein Darshana zu bekommen, wiederholte Sri Gñānānanda seinen Lieblingsvers:

Wo nichts ist...

Darauf begannen einige Besucher recht pedantische Kommentare auf Englisch und Tamil abzugeben. Der eine schlug vor, mit dem

Wort »void«, leer, zu übersetzen. Sie erläuterten dem Swami, dass »void« dem Sanskritwort *śūnya* entspreche. »Aber warum wollt ihr um jeden Preis einer Sache einen Namen geben, die doch gerade als total unbenennbar definiert wird?« erwiderte er. »Sobald ihr dem Nichtsein einen Namen gebt, verleiht ihr ihm doch automatisch ein Sein. Sobald ihr den Ort, wo nichts ist, leer nennt, gebt ihr ihm doch etwas, und alles fängt wieder von vorn an.«

Später, als sich Vanya an dieses Gespräch erinnerte, gab er zu, dass er erst seit diesem Augenblick die Lehre Buddhas über die fortschreitende Reinigung, die in der Meditation notwendig ist, recht verstanden hatte: zuerst das Übersteigen des Bereiches der Gedanken, dann der Freude und schließlich des Gefühls des Friedens. Und danach sollen in den höheren Meditationsstufen alle Negationen, die zuvor für diesen fortschreitenden Reinigungsprozess notwendig waren, überwunden werden. Über alle Affirmation und alle Negation hinaus sollen wir in das absolute Schweigen eingehen, in dem der Schweigende nicht einmal weiß, dass er schweigt, weil er bis in den *ākāśa* des Herzens, den Über-Raum eingedrungen ist, der sich jeder Begrenzung und jeder Lokalisierung entzieht.

Jemand fragte Sri Gñānānanda, ob die Atemkontrolle, *prānāyāma,* nützlich sei. Das bejahte er, wie fast alle Gurus, doch setzte er *prāṇāyāma* nicht mit technischen Übungen zum Anhalten des Atems gleich. Diese haben rein vorbereitenden Charakter und dienen dazu, die Bewegungen des Körpers zu beruhigen und auszugleichen und rückwirkend auch die ›Wellen‹ des Gehirns. Für ihn, und für Ramana Maharshi übrigens auch, bestand Atemkontrolle hauptsächlich in einer einfachen doch beständigen Beobachtung des Ein- und Ausatmens.

Er erklärte weiter: »Der Atem und die Gedanken steigen nämlich von demselben Ort hoch. Deshalb es wichtig, in diesem ursprünglichen Ort des Seins zu bleiben und sorgfältig achtzugeben, dass die innere Stille und Reinheit bewahrt bleiben und dass man sich nicht zerstreuen und nach außen ziehen lässt. Wenn die Gedanken aufsteigen wollen – und das tun sie doch ständig – und um zu verhindern, dass sie uns mit sich reißen, genügt es, zum Ursprung jedes Gedankens zurückzukehren, in das Innere der Woge zu tauchen, die uns ans Ufer wirft, zu ergründen, *wer* diesen Gedanken denkt, den fundamentalen Gedanken, der die Quelle aller anderen Gedanken ist. So kehren wir zu dem Ort unseres Ursprungs zurück, zum Ort, worin jeder Ort entschwunden ist, zum Selbst, in dem sich das kleine Ich aufgelöst hat. Die Konzentration auf den Atem hilft der Verinnerlichung. Sobald unser Atem zu seinen Quellen zurückkehrt, sammeln wir uns in unserem eigenen Ursprung.«

»Wo das Ich entspringt,
entspringt auch der Atem.
Wo das Selbst entspringt,
entspringt der Gedanke des Ich.
Der Ursprung des Atems:
Ursprung des Ich.
Wo das Ich sich erkennt,
leuchtet das Selbst.«

Unter den Besuchern jenes Tages war ein Sucher der Wahrheit, der schon eine ganze Anzahl von Ashrams und Swamis »absolviert« hatte. Er war vollkommen ernsthaft und aufrichtig, und ebenso vollkommen war sein Glaube an die Lehren seines augenblicklichen Guru. Doch als dieser Guru darauf bestand, dass er endlich beginnen müsse, sich wenigstens einige Jahre lang der Meditation in Einsamkeit und Schweigen hinzugeben, da konnte er ihm nicht mehr folgen. Wäre es nicht viel einfacher, wenn ihm der Guru sogleich, wie mit dem Schlag eines Zauberstabs, in diesen Ort des Herzens, worüber er so viel spricht, versetzte? Der Guru könnte dafür seine Wunderkräfte (*siddhi*) gebrauchen, die doch jeder Guru besaß: Hat nicht zum Beispiel Ramakrishna seinem Schüler Vivekananda mit einem Schlag Erleuchtung verliehen? Und in der Geschichte seiner eigenen Religion – er war von Geburt ein Christ – gab es das Beispiel des Paulus von Tarsis, den die Gnade vor den Toren von

Damaskus zu Boden warf. Aber es handelte sich hier zweifellos um Menschen, die in der Tiefe ihres Herzens bereits alles aufgegeben und weder Selbstsucht noch Trägheit zurückbehalten hatten. Wenn einmal der Schleier zerrissen war, der ihnen noch die Wirklichkeit verhüllte, haben sie sich wie von selbst zu ihr emporgeschwungen.

Dieser Schüler lenkte das Gespräch nach und nach auf die Gnade Ishvaras, des Herrn, und auf seinen Stellvertreter, den Guru. Gñānānanda ging sehr gern darauf ein.

»Der Guru erscheint«, sagte er, »sobald der Ort des Herzens entdeckt worden ist. Wer dahin gelangen will, muss sich zunächst beharrlich allein bemühen. Die Grundlage dieser Bemühung ist ein einziger, fest entschlossener Wille, der alle Kräfte des Seins auf *ein* Ziel ausrichtet. Ein einziger Wille, ein einziges Ziel, eine Suche, die einzig dem Ātman gilt, das sind die wesentlichen und zugleich unentbehrlichen Voraussetzungen für die spirituelle Selbstverwirklichung.

Hast du in den Häfen nicht die kleinen Taucher gesehen, die warten bis die Passagiere ihnen ein paar kleine Münzen vom Deck werfen? Der Ātman ist wie ein kleines Geldstück, das auf den Meeresgrund gefallen ist. Um es herauszufischen, müssen wir wie ein Pfeil geradewegs und mit angehaltenem Atem hinabtauchen. Der Ozean ist *manas,* das Denken. Die Wellen sind seine *vṛttis,* die unaufhörlichen Bewegungen, die Strudel unserer Gedanken. Wir müssen die Wellen besänftigen, damit wir sehen, wo wir hinabtauchen sollen. Wir müssen die Gedanken besänftigen, um den Ort des Ātman zu entdecken. Wir können die Wellen erst besänftigen, wenn wir ihre Ursache erkannt haben, wenn wir wissen, woher sie kommen. Ebenso müssen wir in unserem Innern suchen, wo unsere Gedanken entspringen und von wo sie in alle Richtungen entfliehen. Sobald das Wasser ruhig und klar geworden ist, ist es ein Kinderspiel, das Geldstück zu entdecken.« Und er setzte mit einem Lächeln hinzu: »Der Geist kann sogar so ruhig, so bewegungslos werden wie Wasser, das zu Eis erstarrt ist.

Die Gnade des Guru, die Gnade des Herrn ist wie ein Saatkorn, das wir in die Erde gelegt haben. Es wächst und gedeiht von allein. Doch genügt es, das Saatkorn einfach in die Erde zu legen? Muss die Erde nicht gelockert, gedüngt und bewässert werden? Was wäre sonst mit der Aussaat erreicht? Und wenn das Saatkorn keimt, müssen wir nicht weiter die junge Pflanze begießen, die Erde auflockern und das Unkraut jäten? Ohne diese Bemühung kann nichts gelingen und vermag die Gnade nicht in uns wirksam zu werden.

Würdest du mit grünem Holz Feuer machen? Du musst vorher den Ast absägen und trocknen lassen. Dann erst kann er brennen. Das Feuer ist die Gnade und die Vorbereitung des Holzes das *sādhana,* die wirklich ernsthafte spirituelle Bemühung.

Wir dürfen nur ein Ziel haben. Wir sollen uns über dieses Ziel genau erkundigen, doch wenn wir es kennen, dürfen wir nicht von neuem rechts und links vom Weg suchen und dabei Zeit verlieren. Wir müssen geradewegs auf das Ziel zugehen, für das wir uns entschieden haben.

Was hilft es schon, von Meister zu Meister zu laufen? Was hilft es schon zu lesen und sich über die verschiedenen Methoden zu informieren? Zu lesen und sich zu informieren, das hat nicht mehr Wert als Landkarten und Fahrpläne zu studieren. Wenn du einen bestimmten Ort auf der Landkarte und im Fahrplan erreichen willst, musst du dich eines Tages aufraffen und in den Zug steigen. Das Kursbuch bringt dich nicht nach Madras oder Bombay, sondern nur der Zug, nicht wahr? Wenn ein Plan nicht ausgeführt wird, ist er wertlos. Fragst du jeden Passanten nach dem Weg, wenn du zum Bahnhof oder zum Markt gehst? Bleibst du vor jedem Wegweiser stehen, um die Richtung von neuem festzustellen? Auf diese Weise wirst du sehr wahrscheinlich am Bahnhof ankommen, wenn der Zug schon abgefahren ist.

Wer etwas wirklich will, der will es mit seinem ganzen Wesen und opfert alles auf, um es zu erreichen. Du kennst doch den Vergleich des Vedānta: Wenn deine Kleider Feuer fangen und ein Teich liegt in der Nähe, stürzt du ohne Besinnung auf ihn zu und wirfst dich kopfüber ins Wasser. Genauso handelt jemand, der wirklich die verborgene Perle auf dem Grunde seines Herzens entdecken will. Er vergeudet seine Zeit nicht mit langen Reden.

Was nutzt es dir, alle Früchte eines Baumes zu befühlen? Die eine ist zu reif, die andere noch nicht reif genug. Diese Lehre gefällt mir, doch an dieser da habe ich etwas auszusetzen. Diese andere ist nicht so schlecht, doch andererseits... Wer wirklich Hunger hat, verliert keine Zeit, er reißt rasch eine Menge vom Baum und steckt sie in den Mund.«

Der Schüler, an den diese Worte gerichtet waren, erwiderte darauf: » Es kommt häufig vor, dass die Leute, die sich in der geistigen Konzentration üben, verrückt werden.«

»Wenn das Kind des Nachbarn gestorben ist«, versetzte Gñānānanda, »ist das ein Grund für mich, nicht zu heiraten?

Ich besitze ein Feld. Ich brauche einen Brunnen, um es zu bewässern. Ich grabe ein Brunnenloch und stoße auf Fels. Hör ich nun auf und lege die Hände in den Schoß? Wenn ich essen will, brauche ich Reis, also auch ein Feld, auf dem Reis wächst, also auch Wasser, um das Feld zu bewässern. Ich habe keine Ruhe und werde nichts unversucht lassen, bis ich auf Wasser gestoßen bin.«

Der Schüler blieb bei seinem Standpunkt: »Können wir nicht ganz einfach warten, bis ›etwas geschieht‹? Schließlich reift doch die Frucht, die man in die Sonne legt, von selbst.«

Die Antwort des Guru kam schnell: »Und doch braucht es jemanden, der sie in die Sonne legt. Gerade das ist *sādhana*.«

Ein anderes Mal fragte jemand: »Welchen Wert haben Riten und Gebete, Lieder und die Wiederholung des göttlichen Namens (*japa*)? Sind sie überhaupt notwendig oder wenigstens nützlich für die spirituelle Selbstverwirklichung?«

»Nützlich oder notwendig? Überhaupt nicht! Sie sind im Gegenteil ein Hindernis für jemanden, der den Weg des Jñāna geht. Er muss sie entschlossen beiseite legen. *Dhyāna* allein ist notwendig, und zwar unabdingbar notwendig. Pūjās, *japa,* Riten, Litaneien und all das sind nur Äußerlichkeiten. Sie hängen von der Welt der

Erscheinungen ab und haben nichts mit der Wirklichkeit zu tun. Ein *sādhaka*, der sich an diese Dinge hängt und an ihnen Gefallen findet, sie ausübt, als seien sie ein wirksamer Weg zur spirituellen Selbstverwirklichung, begeht einen grundlegenden Fehler, der ihn von seinem Ziel fernhält. All das bringt nur am Anfang Nutzen, nur denen, die den Ruf ihres Innern noch nicht vernommen haben, die verheiratet sind und ihren Verpflichtungen in der Welt nachkommen müssen und keine Zeit haben, beharrlich zu meditieren. Erinnere dich, mit welch beißender Ironie die Muṇḍaka-Upanishad über die Menschen spricht, die Gebete und Opferriten ansammeln, um in den ›Himmel‹ zu kommen. Nun, sie werden ihr Ziel erreichen, doch müssen sie eines schönen Tages auf die Erde zurückkehren, um endlich Brahman zu entdecken, das nichts mit einem Himmel zu tun hat.«

»Doch wenn ich diese Dinge tun muss«, fragte der Schüler weiter, »um einer gesellschaftlichen oder beruflichen Verpflichtung Genüge zu tun?«

»Dann tu es einfach ohne dich innerlich zu binden, wie es die Gītā lehrt. Du tust es für die anderen, nicht für dich. Für dich gehört das zur Welt der Erscheinungen. Aber die Leute erwarten es von dir, und sie haben es wirklich notwendig, weil ihr Innenleben und ihre äußere Lebenssituation diese Dinge brauchen. Feiere also alle Riten, die sie begehren, opfere alle Pūjās, singe alle Mantras, die ihnen Freude machen. Du aber, lass dich nicht hineinziehen. Ist es dir überhaupt möglich, dich auf diese Dinge einzulassen? Glaubt ein Zauberer an seine eigenen Kunststücke? Er weiß genau, dass nichts dahintersteckt, dass alles bloß äußerer Schein ist. Mit Menschen, die diese Welt der Erscheinungen ernst nehmen, muss man die Sprache reden, die sie verstehen. Wer träumt, dass er Hunger hat, muss auch im Traum seinen Hunger stillen, selbst wenn er mit vollem Magen eingeschlafen ist. Beobachte die Kinder, wie sie auf der Straße spielen: Sie bauen Häuser, sie kaufen ein, sie verkaufen, sie kochen und heiraten. Doch sobald sie in der Schule sind, haben sie alle ihre Häuser, ihre Händel, ihr Heiraten vergessen. Ein Bild erscheint auf der Leinwand und verschwindet wieder. Bleibt etwas von dem Bild an der Leinwand haften, behält sie eine Erinnerung von dem Bild? Genauso verhält es sich mit jemandem, der *weiß*, auch wenn er sich in der Welt der Erscheinungen bewegen muss und Menschen, die noch an sie gefesselt sind, entsprechend ihren Möglichkeiten helfen muss, weil sie die Offenbarung der Göttlichen Wirklichkeit noch nicht erfahren haben.

Dhyāna allein ist notwendig. Wer einmal den Ruf des Innern gehört hat, den Ruf der Göttlichen Wirklichkeit, der muss der Meditation jede Minute widmen, die er erübrigen kann. Wer einmal fest im Inneren verwurzelt ist, der kann gefahrlos zum Alltagsleben in der Welt zurückkehren.«

Ein anderer Zuhörer fragte nochmals: »Müssen wir fasten und wachen?«

Wieder antwortete Gñānānanda, diese Dinge seien bedeutungslos. »Die spirituellen Übungen haben keinen Wert als solche. Wir müssen beobachten und herausfinden, welche Übungen uns bei der Meditation helfen und welche uns behindern. Deine Mahlzeiten und dein Schlaf sollen sich ganz den Meditationszeiten anpassen. Sicher ist allerdings, dass die Nachtstunden für die innere Sammlung besonders günstig sind.«

Einige erkundigten sich nach den verschiedenen Arten des *samādhi*. In der spirituellen Tradition Indiens ist der *samādhi die* höchste Vollendung des *dhyāna*. Er ist die »Fixierung im Mittelpunkt«, die Vereinigung, wie man etymologisch übersetzen kann. Er ist Ekstase, die zugleich Enstase, und Enstase, die zugleich Ekstase ist, denn auf dieser Höhe gibt es kein Außen (Ek-stase), das sich nicht vollendet im Innern, noch ein Innen (En-stase), das nicht das ganze Sein umfasst.

»Es gibt drei Arten von *samādhi*«, erklärte er. »Die erste ist *savikalpa samādhi*, worin noch ein wenig Bewusstsein von sich selbst übrigbleibt, ein wenig ›Erinnerung‹ an sich selbst (*memoria sui*).

Die zweite Art heißt *nirvikalpa samādhi*. Dabei gibt es kein Außen und Innen mehr, weder Ich noch Du. Nichts berührt mehr die

Sinne und den Verstand. Es gibt weder Gedanken noch Gefühle. Man kann dich anrühren, dich bewegen, dich hochheben, du bist ganz ohne Bewusstsein. Jetzt herrscht Fülle und Glückseligkeit; Fülle der Freude, Fülle und ungeteilte, alles umfangende Freude; die Glückseligkeit des Brahman, die Glückseligkeit des Selbst, des Ātman; reine, lautere Glückseligkeit und Freude, Glückseligkeit und Freude in ihrer Vollkommenheit: *pūrṇam, ānandam, pūrṇānandam, Brahmānandam, Atmānandam, akhaṇḍānandam*...« Man musste das herrliche Mienenspiel des Swami sehen, während er mit seinem ganzen Körper und mit wuchtiger Stimme die *ānandam* akzentuierte!

»Doch noch höher steht der *sahaja samādhi*, in dem man endgültig den Urzustand oder besser, den Ursprungsort seines Selbst erreicht hat: Denn *saha-ja* heißt ›mit-dem-Selbst-geboren‹, doch besser noch hieße es ›ungeboren‹ (*a-ja*), denn hat das Sein überhaupt einen Ursprung? Hier sind Enstase und Ekstase überschritten. Nirgendwo gibt es Unterschiedenheit. Der Jñānī lebt in der Welt wie alle Menschen, er isst, trinkt, schläft, geht spazieren wie alle anderen. Doch diese anderen Menschen sehen hauptsächlich die Verschiedenheit der Dinge, wahrend der Jñānī die Dinge in ihrer Einheit sieht. Nachdem er das Selbst erkannt hat, erkennt er sich selbst und das Selbst in allen Dingen. Verschwunden ist das *Ich*, welches sich zwischen ›ihn‹, sein Selbst und den anderen Menschen, und besonders zwischen sein Bewusstsein des Selbst und sein wahres Sein gestellt hatte. Nichts behindert mehr die Wahrnehmung der Wirklichkeit wie sie ist.«

Der Jñānī durchquert die Wasser,
das Haupt stets hoch über den Wassern erhoben,
sein Blick reicht bis jenseits des Horizonts
und taucht ins Unbegrenzte ein ...
Er durchschreitet alles Vergängliche,
den Blick im Unvergänglichen gesammelt.
Er sieht in allem,
was jenseits von allem ist,

das Ende von allem, den Ursprung von allem,
in die Tiefe von allem,
das Eine in allem,
was ohne Ende und Anfang ist,
das Ewige ...
Er hat sich entdeckt und damit alle Dinge,
er hat den Tod überwunden,
und die Zeit, in der man jeden Augenblick stirbt...

»Bringe mir eine Feige, Śvetaketu.«
»Hier ist sie, Swami.«
»Schneide sie entzwei. Was siehst du?«
»Die Samenkörner, Swami.«
»Schneide ein Samenkorn entzwei. Was siehst du?«
»Gar nichts mehr, Swami.«
»Siehst du, mein Kind, aus diesem Etwas, das du nicht mehr wahrnehmen kannst, daraus entsteht dieser riesengroße Baum. Genauso verhält es sich mit diesem Unfassbaren, denn es ist das Leben von allem, es ist das Selbst, das Wirkliche. Du selbst bist Das, *tat tvam asi,* Śvetaketu.«

»Schütte das Salz in diesen Krug Wasser.«
»Ich habe es getan, Swami.«
»Gib mir nun das Salz zurück.«
»Das ist unmöglich, Swami. Das Salz ist verschwunden.«
»Trinke von diesem Wasser. Wie schmeckt es?«
»Salzig, Swami.«
»Schöpfe aus der Mitte und dann vom Boden. Wie schmeckt es?«
»Immer noch salzig, Swami.«
»Siehst du, mein Kind, du kannst das Salz nicht mehr in diesem Wasser entdecken, und doch ist es da. Genauso verhält es sich mit dem Sein. Du kannst es nicht wahrnehmen und doch ist es da. Dieses Unfassbare ist das Leben von allem, es ist das Selbst, das Wirkliche. Du selbst bist Das, Śvetaketu.« (Chāndogya-Upanishad)

»Das, oh Gārgī, sagte Yājñavalkya, nennen die Brahman-Kundigen das Unvergängliche, das Unbewegliche, *a-kṣara*... Er sieht alles, doch wird von niemandem gesehen, er hört alles, doch wird von niemandem gehört, er denkt alles, doch wird von niemandem gedacht. Außerhalb von ihm sieht, hört und versteht keiner. Von wem könnte der Denkende gedacht werden? Von wem könnte der Sehende gesehen werden? Er atmet in deinem eigenen Atem, dieses dein Selbst, welches das Selbst aller Dinge ist.«

(Bṛihad-āraṇyaka -Upanishad)

»Wer alles im Selbst sieht
und sich selbst in allem erkennt,
wovor sollte der zurückweichen?
Wer die Einheit entdeckt hat,
welcher Schmerz, welche Illusion
können den noch erreichen?
Es bewegt sich, es bewegt sich nicht,
es ist ganz nahe und es ist fern,
im Innern von allem,
außerhalb von allem.
Nicht einmal das Denken kann es erreichen
noch alle *devas*.
Bewegungslos ist es, doch eilt schneller als alle.
Weisheit und Unwissenheit,
er hat sie beide hinter sich gelassen.
Er hat den Tod überwunden
und ist in die Unsterblichkeit eingegangen.«

(Īsha-Upanishad)

Die Mathematiklehrerin, die wir schon einmal erwähnt haben, kam am Sonntag zurück. Sie vertraute dem Guru an, dass sie die räumlichen Symbole gestört hatten, vor denen er so gern Gebrauch machte.

»Das alles«, antwortete er, »sind bloß Bilder, vor denen man nur kurze Zeit Hilfe erwarten kann. Sie sind Wegweiser, Orientierungshilfen, nicht mehr. Sie haben keinen Wert in sich selbst. Wenn ein Kind fragt, wo der Mond sei, zeigen wir darauf mit dem Finger oder mit einem Stock. Doch im Bereich des Geistes gibt es keine räumliche Dimension. Der *ākāśa,* der Raum des Herzens, ist der unendliche Raum, er widersetzt sich aller Bestimmbarkeit und Lokalisierung. Wenn jemand Lautsymbole vorzieht, kann er mit dem Ton der Worte, die wir aussprechen oder hören, beginnen und von dort bis zum OM, das allen Lauten zu Grunde liegt, aufsteigen und schließlich von jenem hörbaren OM zum OM, das kein Ohr mehr, nicht einmal das innere Hören vernimmt. Wichtig ist, dass wir irgendwo einen Anfang machen, dass wir unseren Geist auf ein bestimmtes Symbol sammeln, das uns auf dem Weg nach innen weiterhilft. Wir brauchen ein Sprungbrett, von dem wir uns abstoßen und über unser oberflächliches Ich hinauskommen. Symbole helfen außerdem, uns von den umherschweifenden Gedanken zu befreien. Atemkontrolle, Lautsymbole, sichtbare Punkte, auf die wir uns konzentrieren, ein möglichst reines Ich-Bewusstsein – alle diese Dinge sind Hilfsmittel, doch nur vorübergehende Hilfsmittel, um zur Schau des Seins zu gelangen.

Gleichgültig welche Methode wir wählen, es geht immer darum, sich nach innen zu wenden und dort zu verweilen. Das schließt nicht aus, dass im letzten Augenblick selbst die Idee von einem Innen aufgegeben werden muss. Nach innen zu schauen, ins Innere einzutreten, dort festgegründet zu sein, immer tiefer hinabzutauchen und schließlich darin zu verschwinden – davon singen auch diese tamilischen Strophen:

> Oh Du, der die Tiefe meines Herzens betreten hat,
> gewähre, dass mein Geist gesammelt bleibt
> in dieser Tiefe meines Herzens!
>
> Oh Du, der mein Gast ist in der Tiefe meines Herzens,
> gewähre, dass ich immer tiefer eindringe
> in diese Tiefe meines Herzens !

Ob Du, der in der Tiefe meines Herzens zu Hause ist,
gewähre, dass ich mich in Frieden niederlasse
in dieser Tiefe meines Herzens!

Oh Du, nur Du wohnst in der Tiefe meines Herzens,
gewähre, dass ich hinabtauche und mich verliere
in dieser abgrundtiefen Tiefe meines Herzens!

Oh Du, der ganz allein in der Tiefe meines Herzens ist,
gewähre, dass ich mich auflöse in Dir,
in der Tiefe meines Herzens!

Wenn noch Gedanken aufsteigen, dann sollen sie wie Vögel sein, die in der Luft kreisen und schweben, im *ākāśa*, im Weltraum deines Herzens, ohne Verbindung mit der festen Erde, auf der du stehst.

Wichtig ist, siehst du, dass du dir in deinem Innern eine feste unzerstörbare Wohnung errichtest, die niemand betreten, in der niemand dich finden und stören kann. Die Kammer deines Innern muss für alle verschlossen bleiben. Mache sie so unzugänglich wie die Küchen in Tamil Nadu. Du weißt ja aus Erfahrung, der Ort, wo das Feuer brennt und wo die Speisen zubereitet werden, ist besonders heilig, er liegt abseits von allen anderen Räumen des Hauses. Niemand darf ihn betreten außer den Mitgliedern der Familie oder allenfalls noch Mitglieder derselben Kaste. Kein Gast, nicht einmal der liebste, findet dort Einlass. Er nimmt seine Mahlzeiten auf der Veranda oder im Innenhof ein. Bewahre dein Herz vor jeder Berührung, die es beflecken könnte, bewahre es mit derselben Sorgfalt wie den Herd in deinem Hause.«

Vanya griff nun auch in das Gespräch ein und erinnerte den Guru an eine Strophe in der Chāndogya-Upanishad, die er besonders liebte :

»Was in der Mitte des Raumes meines Herzens ist,
dasselbe ist auch in der Sonne
und auch in der Erde
und im Herzen jedes Menschen
und im Herzen alles Seins.«

»Gott ist überall, ungeteilt, *a-khaṇḍa*«, fuhr Sri Gñānānanda fort. »Das Herz ist der Spiegel, in dem wir ihn sehen. Wer ihn im Universum sieht, sieht ihn in seinen unterschiedlichen, vielfältigen Formen (*bheda, dvaita*). Wer ihn im Spiegel seines Herzens sieht, der sieht ihn wie er in sich selbst ist, ungeteilt, *a-khaṇḍa,* jenseits aller Begrenzung und Verschiedenheit in der Nichtdualität des Seins.

Kehre dich nach innen und schaue in den Spiegel deines Herzens.«

Das Ich wird zunächst in seinem Verhältnis zur äußeren Welt, dem Nicht-Ich, erkannt. Solange wir uns nur in dieser Weise kennen, das heißt, durch die Spiegelung des Außen und durch die Beziehung zum Außen, kennt man sich nicht wirklich. Was ich hier das Ich nenne, das sind einfach nur die unaufhörlichen sinnenhaften und mentalen Reaktionen dieses biologischen und psychischen Organismus, den ich darstelle, auf Reizungen von außen. Wegen dieser Unbeständigkeit lehnte es Buddha ab, der Person eine substantielle Wirklichkeit beizumessen, die er in seiner Sprache mit dem Ātman identifizierte. Wer sich wirklich und vollkommen erkennen und sein wahres Wesen erreichen will, der muss nach dem unwandelbaren Kern und der souveränen Freiheit seines Ich streben. Dieses Ich drückt sich zweifellos in den inneren und äußeren Wahrnehmungen aus, doch übersteigt es alle und ist in seinem eigentlichen Wesen – diesem »Unfassbaren« der Chāndogya-Upanishad – von ihnen völlig unabhängig. Das Ich ist ebenso wirklich ohne diese Wahrnehmungen wie wenn es durch sie ausstrahlt, sich durch sie ausdehnt und sich in ihnen manifestiert. Das beweist so deutlich das Erlebnis des Tiefschlafs, in dem kein »Bewusstsein« bleibt, in dem aber dennoch offensichtlich der Mensch weiterexistiert. Um ein Wort Krishnas in der Bhagavad-Gītā zu gebrauchen: In mir sind alle Dinge enthalten, doch ich selbst bin in nichts enthalten.

Wer das Ich nicht im Selbst erkannt hat, hat es nicht wahrhaft erkannt. Genauso können wir Gott nicht wahrhaft kennen, solange wir ihn nicht im Selbst erkannt haben. Wäre es nicht so, könnte mein Ich nicht außerhalb meiner Beziehung zum Universum, oder Gott nicht außerhalb der Beziehung, die die Welt zu ihm hat, existieren. Hier stoßen wir auf das metaphysische Problem der Einheit und Vielfalt, der Gleichheit und Andersartigkeit, des Manifesten und Unmanifestierbaren, das sich auf keine Kategorie des Denkens zurückführen lässt, denn »wer kann den Denkenden denken?« Der Reflexgedanke erreicht nämlich den Denkenden und seinen Gedanken nur mit einer Idee, also mittelbar. Unsere Aufgabe ist es deshalb, die Kette immer feinerer Abstraktionen zu durchbrechen und den Mittelpunkt zu erreichen, der sich aller Lokalisierung und Vorstellung entzieht.

Niemand erreicht sein Selbst außer durch das Selbst und in der Tiefe des Selbst, wie die Gita sagt: *ātmani ātmānam ātmanā*, das Selbst sieht das Selbst in dem Selbst durch das Selbst. Alles Geschöpfliche kann uns nur bis zur Schwelle des Heiligtums führen, uns zum Eintreten einladen, dann muss es mit einer Verbeugung entweichen. Niemals kann sich Wandelbares in Unwandelbares verwandeln. Kein nur induktives Erkennen, kein bloß reflexives Erkennen vermag das Sein in seiner ganzen Herrlichkeit zu umfassen.

»Fülle hängt von nichts anderem ab.
Sie ruht in sich selbst, in ihrer eigenen Größe.
Außer ihr ist nichts sichtbar oder hörbar,
außer ihr ist nichts denkbar.
Sie allein ist unsterblich.
Sie allein ist frei und kennt keine Grenzen in allen Welten.
Ebenso ist der, der den Ātman erkannt hat, der sich selbst verwirklicht hat,
frei in allen Welten.« (Chāndogya-Upanishad)

Unbestreitbar die wirksamste Methode, nach innen fortzuschreiten, ist der »innere Weg«. Doch der Weg selbst löst sich auf, sobald das Ziel erreicht ist. Während man auf dem inneren Weg wandelt, ist dieses Innere noch eine Idee, und jede Idee schließt Dualität und Verschiedenheit ein. Die Idee als solche hält mich von meinem Ziel zurück, denn sie macht noch einen Unterschied zwischen dem Ich, das sucht, und dem Selbst, nach dem es sucht. Solange ich im Innern noch das Ich, das im Innern ist, wahrnehme, bin ich noch nicht ganz ins Innere eingedrungen. Doch nach der Selbstverwirklichung sind das suchende Ich und das gesuchte Selbst gleichermaßen verschwunden, oder genauer, die unterscheidende und getrennte Wahrnehmung von ihnen ist verschwunden. Dann gibt es nur noch das Selbst, das Sein, reines, ungeteiltes, unendliches Licht (*jyoti*), das Licht als Urelement, die Herrlichkeit des Seins, den immanenten Glanz des Selbst, die innere Vision des wahren Seins.

Am Ende der spirituellen Bemühung steht die Aufgabe, diese letzte Verschiedenheit zu überwinden: Die Unterscheidung zwischen dem Ziel und dem Weg, zwischen dem Ziel und dem Wanderer zum Ziel. Man muss die geistige Unruhe überwinden, die den Menschen auf der Suche nach seinem Selbst ergreift, wenn er glaubt, an der letzten Wegbiegung angekommen zu sein. Er wird sich dann bewusst, dass er von jetzt an rücksichtslos allem entsagen muss, allem was ihm bisher als die Stütze seines Lebens, seines Seins erschien, seiner Vorstellung von sich selbst, sogar seinem Bewusstsein, das mit dieser Vorstellung von sich selbst verbunden ist. In den Abgründen seines Herzens, in die er sich unerbittlich hinabgerissen fühlt, gibt es nichts mehr, woran er sich klammern, wohin er ausweichen könnte, keinen Grund, worauf er seinen Fuß stellen könnte, keine Luft zum Atmen. Da ist nur der reine *ākāśa*, der unendliche Raum, in dem es keinen Punkt mehr gibt, der von keinem Horizont begrenzt ist, der überall gleich ist. Er ist auch nicht der vertraute eigene Lebensbereich, in dem der Mensch Schutz findet, denn er trägt den Menschen, der noch gern in ihm verweilen wollte, mit sich fort in seine Unendlichkeit, Unbegrenztheit und

Einsamkeit. So oft wiederholen es die Upanishaden: Wir müssen rücksichtslos diesen letzten »Knoten des Herzens« (*hṛdaya-granthi*) durchschneiden, die Fessel, die das Selbst an die Begrenzungen der Zeit und der Materie bindet und es abhält, sein freies und souveränes Wesen zu erlangen. Genauso lautet auch Ramana Maharshis charakteristischste Lehre: Wir müssen sogar den Gedanken an das Ich, an das vom Selbst verschiedene Ich, und sei es nur ein flüchtiger Gedanke, hartnäckig verfolgen, so lange, bis er vor dem Licht entflieht und schließlich verschwindet – so wie ein Dieb, der auf frischer Tat ertappt wurde, sich eiligst aus dem Staube macht – ein Beispiel Ramanas, das Gñānānanda gern zitierte.

Natürlich sollen wir nicht diesen Gedanken mit einem anderen Gedanken verfolgen: Dann würden wir auf das Spiel dieses trügerischen und vergänglichen Ich hereinfallen. Wir sollen uns nämlich nicht einzureden versuchen, dass es keine Unterschiede gibt, dass niemand gebunden ist, dass der Ātman im Innersten aller Wesen ist. Das alles gehört der Welt der Gedanken und Vorstellungen an. Wer so handelt, der geht nur unablässig um den Berg herum, statt den steilen Pfad aufwärts zu nehmen, der allein zum Gipfel führt. Populäre Lehrbücher des Vedānta raten dem *sādhaka* oft, zu denken: »Ich bin das Ewige, Ungeborene, Nichtduale, das unbegrenzte Bewusstsein, die unendliche Glückseligkeit.« Doch trifft all dies noch nicht die Sache, ja, es ist sogar grundfalsch auf der Bewusstseinsstufe, auf der sich dieser *sādhaka* befindet. Der allein kommt zur Intuition des Ewigen, Ungeborenen und so weiter, der jeden Gedanken an das Ich ausschließt, doch kein Gedanke wird jemals diese Intuition hervorbringen. Doch einzig diese Erfahrung bringt Erlösung. Die Erfahrung kann weder von außen kommen, noch durch innere Geistesanstrengung. Sie bricht einfach aus der Tiefe hervor. Dann geht im Osten des Herzens das Göttliche Licht auf und erstrahlt in der Herrlichkeit des Seins.

Doch dieses Licht können wir erst dann als solches erkennen, wenn wir es tatsächlich erreicht haben; denn gleichzeitig mit dem Erkennen dieses Lichtes wird uns bewusst, dass es im Grunde niemals begonnen hat und niemals beginnen wird, weder im Selbst noch in den Lebewesen. Im Selbst und überall, an allen Punkten des Raums und in allen Augenblicken der Zeit, sowie jenseits von Raum und Zeit, kann man vom Sein nur eines sagen: dass es im Selbst IST. Auch die Sonne geht nur für denjenigen auf, der sich mit der Erde zu ihr dreht.

> »Die Sonne hat den Zenith erreicht,
> sie sinkt nicht mehr, sie geht nicht mehr auf,
> sie bleibt allein in der Mitte von allem...
> Niemals ist sie gesunken, niemals aufgegangen
> für den, der weiß...
> Die Nacht ist taghell in der Brahman-Welt,
> ein unvergängliches Licht...
> Zwischen dieser Welt und jener
> ist der Ātman die Grenze,
> die Brücke zur Unsterblichkeit,
> doch nichts überquert sie von dieser Welt,
> weder Tod noch Leid, weder Gutes noch Böses,
> nichts, das vergänglich ist...«
>
> (Chāndogya-Upanishad)

Der direkte Weg zu dieser Erfahrung ist die Übung in *dhyāna* im Vertrauen auf den Guru und in immer tieferer Stille der Gedanken und Sinne.

Ich muss auf den Gedanken verzichten, dass *ich* es bin, der die Erfahrung des Selbst macht und das Darshana des Ātman bekommt.

Ich muss auf den Gedanken verzichten, dass *ich* es bin, der die Freude, Gott zu sehen und zu besitzen, verkostet.

Wer in die Vision des Seins eingegangen ist und sich in die Schau des inneren Lichtes versenkt, der kennt keine Freude mehr, die er als *seine eigene* bezeichnen könnte. Denn es gibt kein Ich mehr, das Freude über etwas empfinden könnte – und noch weniger ein Ich, das leiden könnte. Es gibt nur *eine* Freude, die Freude des Seins, die Freude im Selbst zu sein, »Gott alles in allem«, im Selbst.

Gñānānanda fasste diese Lehren eines Tages für Vanya in einem seiner Gedichte zusammen:

»Wenn ich Deinen Wesensgrund berühr',
Oh! was wird geschehn mit mir?
Oh! was wird geschehn mit Dir?

Wenn ich meinen Wesensgrund berühr',
sind entschwunden Du und ich!«

DER GURU

Eines Morgens erwachte Vanya gegen vier Uhr und hörte ein Gespräch, das bereits im großen Saal im Gange war. Einige Menschen waren also schon so früh auf, um sich mit Gñānānanda zu unterhalten. Er erhob sich sofort, um diese günstige Gelegenheit nicht zu versäumen. Doch während er die Ohren spitzte, um schon einige Gesprächsfetzen aufzufangen, bemerkte er, dass sich die Stimme des Swami nur selten vernehmen ließ. Er erkannte bald die Stimmen von zwei Brahmanen aus Kumbakonam, Schüler des dortigen Shankaracharya, die gestern Abend in Tapovanam angekommen waren. Sie benutzten das Gespräch mit dem Swami dazu, ihr Wissen in der Vedanta-Lehre selbstgefällig zur Schau zu stellen. »Was habe ich davon, wenn ich diesen Schwätzern zuhöre«, sagte sich Vanya. Er setzte sich wieder und meditierte allein.

Zwei Stunden später, nach seinem Bad, besuchte er Gñānānanda und bot ihm sein morgendliches *namaskāram* an. Der Guru fragte ihn: »Du bist heute morgen nicht gekommen? Es war so schön – so viel Philosophie wie das Herz begehrte, hochgeistige Diskussionen über Ātman und Brahman!«

Vanya antwortete ihm: »Ich wusste schon, was vor sich ging. Gerade deshalb habe ich es nach einem Augenblick des Zögerns vorgezogen, allein zu bleiben und schweigend zu meditieren.«

»Wie recht du hattest!« erwiderte der Swami. »All diese Diskussionen über die Weisheit und die sogenannte Wissenschaft des Brahman sind nur Windbeuteleien. Nur *dhyāna* führt uns zum Ātman, der Brahman ist. Alles andere ist eine Spielerei für Kinder.«

Oft konnte sich Vanya freilich die Verhaltensweise von Sri Gñānānanda nur schwer erklären. Sein Ideal eines Jñānī war von Ramana Maharshis Beispiel inspiriert. Im letzten Lebensjahr Ramanas hatte er zweimal sein Darshana bekommen. In jener Zeit saß Ramana meist unbeweglich auf seinem Diwan, eingehüllt in eine Art liturgischer Atmosphäre, und blieb scheinbar gleichgültig gegenüber seiner Umgebung. Gñānānanda dagegen schien nicht still bleiben zu können. Er überwachte unmittelbar, viel mehr als Vanya richtig fand, alle Vorgänge im Ashram. Er ließ die Leute in seiner Gegenwart reden, so viel sie wollten und tat so, als interessierten ihn ihre Geschichten. Es gab noch eine Menge anderer Dinge, die unserem europäischen Sadhu missfielen. Übrigens waren nicht alle Besucher so beeindruckt wie er. Einige glaubten, in seinem Gesicht eine Spur von Selbstgefälligkeit zu entdecken, wenn ein Auto einbog und vor dem Tor stehen blieb, vor allem, wenn ein Ausländer oder eine Ausländerin zu ihm kamen. Man warf ihm auch vor, dass er die Legenden über sein Alter, sein früheres Leben und so weiter widerspruchslos hinnahm.

Aber wenn ihm auch manchmal solche Gedanken durch den Kopf gingen, sobald Vanya abends und morgens zum Meister ging und ihm seine Verehrung erwies, vor allem wenn er allein mit ihm war und ihm zuhörte, drängte sich ihm die Überzeugung auf, dass Gñānānanda und kein anderer der Guru war, den er so lange Zeit herbeigesehnt hatte, der ihm helfen würde, die Schwelle zu überschreiten, wenn er nur bereit war, sich ihm mit absolutem Vertrauen hinzugeben. Ihm war, als habe sich zwischen ihnen ein sehr tiefes inneres Einverständnis entwickelt. Die Worte keines anderen Menschen hatten bisher eine so tiefe Wirkung in ihm hinterlassen. Ihm war als stiegen aus der Tiefe seines Herzens unergründliche Geheimnisse auf, Geheimnisse, die in bisher unentdeckten Tiefen vergraben lagen. Was der Guru sagte, schwang in seinem ganzen Wesen nach, und die innere Harmonie, die seine Worte hervorriefen, war unvergleichlich beglückend.

Gñānānandas ganzes Wesen strahlte eine wunderbare, reine Liebe aus – sie umfing jeden völlig und blieb doch immer persönlich. Diese Freude, sich von ihm geliebt zu fühlen, bewirkte eine starke innere Loslösung, denn wer träumt nicht davon, vor allen anderen geliebt zu werden? Doch gleichzeitig umhüllte diese Liebe jeden einzelnen in ihrer ganzen Fülle. Es schien, als seien bei ihm alle Unterschiede (*bheda*) verschwunden, verflogen. Er erkannte unmittelbar das wahre Wesen, das Selbst, den Ātman eines jeden Menschen.

Wer das Geheimnis der höchsten Weisheit, Jñāna, nicht kennt, und in seinem Kopf nur Klischeevorstellungen hat, auf die er sogar offen stolz ist, der wird (sei er nun Europäer oder Inder) all dies zweifellos paradox finden. Keine Philosophie wird es jemals aufdecken oder verständlich machen können, warum die Person inmitten der Erfahrung der Nichtdualität und der nicht reflexiven Schau des Seins und des Selbst dennoch weiterbesteht. Selbst die Jñānīs in Indien sind Gefangene ihrer eigenen Denkgewohnheiten und legen die advaitische Erfahrung oft auf die Ausdrucksweise fest, deren sie sich bedienen. Doch ihr ganzes Leben und insbesondere ihre uneigennützige Liebe beweisen, dass die Person – oder was wir so nennen – bei ihrem Eingehen ins Absolute nichts Wertvolles verliert. Vollkommener als es sein Bewusstsein erfassen kann, reflektiert der Jñānī in sich auf wunderbare Weise wie in einem Spiegel, den nichts mehr befleckt, das Mysterium des Seins, das Mysterium des Selbst, das Mysterium Gottes. Und ungehindert vollbringt der Geist nun durch ihn geheime Werke in der Welt, die nur Er allein kennt.

Mehrmals befragte Vanya Sri Gñānānanda über die Rolle des Guru. Doch die Antworten bezogen sich immer nur auf den absoluten Guru, der erscheint, wenn wir das Darshana des Ātman bekommen. Jener Guru ist das Licht, welches der Ātman ausstrahlt, wenn er endlich entdeckt wurde. »Der Guru ist *akhaṇḍa,* ungeteilt«, wiederholte er. »Er ist *advaita,* nichtdual. Er allein kann uns ins Wasser springen lassen, er erscheint und manifestiert sich erst, wenn wir hinabtauchen!

Der andere ist die *guru-mūrti,* der Guru in seiner sichtbaren Manifestation, der dem Schüler nur den Weg weisen kann.«

Und deshalb wurden die Schüler jedesmal abgewiesen, wenn sie vom Guru eine Hilfe verlangten, die ihnen persönliche Anstrengung ersparen würde. Das Selbst ist nur im eigenen Herzen erkennbar, der wahre Guru sind wir selbst in unserer eigenen Tiefe.

Vanya fragte Gñānānanda einmal, wem man diese Lehre des *dhyāna* weitergeben könne oder weitergeben müsse.

»Gewiss nicht allen«, antwortete der Swami. Ein Anfänger muss vorn anfangen: mit Gebeten, Riten, *japa,* das heißt bei der ständigen Wiederholung des göttlichen Namens, mit einem Wort: mit Bhakti. Keinem darf der königliche Weg des *dhyāna* gezeigt werden, der ihn nicht gehen kann.«

»Gewiss«, entgegnete Vanya. »Aber das ist gerade meine Frage: Wer kann ihn gehen? An welchen Zeichen kann man die Menschen erkennen, denen dieser Weg gewiesen werden darf?«

»Wird der Händler nicht seine eigene Ware erkennen können? Wenn er Pfefferkörner nicht von Senfkörnern und Reis nicht von Hirse unterscheiden kann, warum hat er dann einen Laden aufgemacht? Käufer und Verkäufer würden beide ihr Nachsehen haben. Der Guru muss eben erkennen können, was jedem not tut. Kann er das nicht, soll er auch keine Schüler annehmen.

Ich werde dir erzählen«, fuhr er fort, »was ein Guru ist. Nehmen wir an, du gehst auf einer geraden Straße, die an einem Fluss entlang führt. Plötzlich stehst du vor einer steilen Felswand. Kein Entkommen. Rechts und links ist der Weg versperrt. Du musst hinaufklettern, das ist die einzige Rettung. Doch der Felsen ist zu steil, du kannst es nicht. Du versuchst es, doch du fällst immer wieder herunter. Dann beginnst du zu jammern und um Hilfe zu rufen: *appā, ammā, appā, ammā,* Papa, Mama, wie ein Kind. Das ist Bhakti, der Weg der Gottesliebe, den Herrn anzurufen, denn er vermag alles. Und während du schreist und jammerst, spürst du plötzlich, wie dich etwas streift. Du blickst auf. Es ist ein Seil, das dir aus der Höhe der Felsenwand zugeworfen wurde. Jemand ist schon dort oben, einer hat es schon geschafft. Er hält ein Ende des Seils. Er ruft dir zu: ›Fass an und halt das Seil fest!‹ Das ist der Guru. Du musst dich nur noch hinaufziehen und darfst vor allem nicht loslassen; das ist *sraddhā*, der Glaube. Doch muss der Guru starke Arme und einen kräftigen Rücken haben, sonst zieht ihn das Gewicht des Schülers hinab und«, setzte er lächelnd hinzu, »alle beide fallen in die Tiefe.«

Vanya unterbrach ihn. »Swami-ji, Sie sagen die ganze Zeit, der Guru erscheine erst, wenn man eine Vision des Ātman bekommen habe?«

»Gewiss, der *jñāna-guru*, der *ātma-guru*, der alle Dinge offenbart. ›Sieh nur! ‹ sagt er, ›schau! ‹ und alles wird sichtbar und es gibt keinen Schüler und keinen Guru mehr. Er spricht aus der Tiefe das *tat tvam asi*, ›Das bist du‹. Der andere, der menschliche Guru, von dem wir hier sprechen, heißt *kāraṇa-guru,* der vermittelnde Guru; in ihm nimmt der wahre Guru für den Schüler, entsprechend seines spirituellen Fortschritts, Gestalt an.«

»Gott hat«, sagte er ein andermal, »vier Gruppen von ›Kunden‹. Die erste Gruppe besteht aus Menschen, die von Zeit zu Zeit aufwachen, einen Augenblick an Gott denken, ›Herr, Herr‹ murmeln und sofort alles vergessen und wieder einschlafen.

Die zweite Gruppe besteht aus wirklich frommen Menschen. Sie besuchen Tempel, feiern Pūjās, gehen auf eine Pilgerreise nach der anderen, singen Hymnen, üben *japa*, dienen den Sadhus – doch machen sie das nur, um dafür materielle Güter zu erwerben: Gesundheit, Lebensglück, gesellschaftliche Anerkennung.

In der dritten Gruppe sind die wirklichen Bhaktas. Sie üben sich in frommen Werken wie die zweite Gruppe, doch tun sie es in der Hoffnung auf geistige Güter. Was hier unten geschieht, interessiert sie nicht mehr. Sie wollen nur Gott und Gott allein.

Und dann gibt es noch Menschen, die nicht mehr beten und von Gott nichts mehr erbitten, nicht einmal Gott selbst wollen sie. Sie brauchen Gott nicht mehr. Das sind die Jñānīs.«

»Wenn das so ist, Swami«, fragte Vanya, »welchen Unterschied gibt es dann noch zwischen dem Jñānī und dem *nāstika,* dem Atheisten oder Materialisten? Er hat doch auch kein Verlangen nach Gott.«

»Und doch gibt es einen Unterschied, und zwar einen wichtigen Unterschied«, antwortete er. »Der Jñānī will nichts mehr, weder Gott noch sonst etwas, wahrend der *nāstika* alles will außer Gott!

Es gibt Menschen, die alles haben wollen außer Gott, solche die alles haben wollen einschließlich Gott, solche die nur Gott haben wollen und schließlich solche, die sich in Gott erkannt haben und jedes Verlangen, selbst nach Gott, verloren haben.«

»Diejenigen, die keinen Wunsch mehr haben,
die von allen Wünschen befreit sind,
deren Wünsche alle erfüllt sind,
deren einziger Wunsch das Selbst ist;
diejenigen, deren Herzen erlöst sind
von allen Wünschen,
sie sind unsterblich geworden und
in Brahman eingegangen,
deren Knoten des Herzens
schon auf Erden zertrennt wurden!«

(Brihadāraṇyaka-Upanishad/Kaṭha-Upanishad)

Hiermit sind keineswegs abstrakte oder eingebildete Begierden gemeint, sondern jene konkreten Einzelwünsche, die ständig das Menschenherz bedrängen: das Verlangen nach Zärtlichkeit oder einer guten Mahlzeit, nach einer Begegnung mit Freunden oder einem interessanten Buch, oder das Verlangen, die Freuden des Himmels zu genießen.

Vanya fragte auch, ob der Jñānī denn noch das Bewusstsein seines *śarīra* habe. In der indischen Terminologie bezeichnet das *śarīra* alles, was nicht der Ātman ist (wenigstens ungefähr; wir wollen vermeiden, in die abendländische Unterscheidung von materiellem Körper und geistiger Seele zurückzufallen). Es umfasst den

Körper und das Denken, die psychischen Kräfte und die äußeren Sinne. Das Tamilwort, das wir hier mit »Bewusstsein« wiedergegeben haben, heißt wörtlich »Gedächtnis«, »Erinnerung«.

»Ja«, antwortete Gñānānanda, »er hat noch Bewusstsein, doch im Ātman, während die anderen sich ihrer selbst in ihrem *manas*, dem Denken, erinnern. Der Jñānī hat Bewusstsein von allen Wesen im Ātman. Sein *śarīra* gehört im Grunde nicht ihm selbst. Nichts ist sein eigen, doch gleichzeitig gibt es nichts, was er nicht besäße.

Derselbe *prāṇa,* der Lebensatem, kreist in allen Wesen. Genauso ist der Ātman überall, und überall ist er vollständig vorhanden. Der Jñānī atmet diesen Lebensatem, er atmet ihn ein und aus in jedem Geschöpf. Er kennt überhaupt keinen Unterschied. Alles empfindet er als sein eigen.«

Vanya stellte nun eine schwierige Frage: »Warum handelt der Jñānī immer gut?«

Kaum hatte er sie gestellt, als schon eine Antwort durch seinen Geist zuckte. Weil den Jñānī aller *ahamkāra*, alle Zentrierung auf ein isoliertes Ich, aller Egoismus verlassen hat. Und der Egoismus ist tatsächlich die Wurzel aller Sünde.

Doch der Guru antwortete mit dem traditionellen Paradox: »Für den Jñānī gibt es weder Tugend noch Sünde, weder gute noch böse Taten. Sünde, Tugend, Gut, Böse, das alles hat mit dem Körper, *śarīra*, zu tun, mit *ahamkāra*, dem Bewusstsein von sich selbst als einem isolierten Wesen. Unterschiede und Gegensätze sieht nur der, der in der Dualität lebt. Der Jñānī dagegen hat Bewusstsein von allen Dingen nur in der Nichtdualität des Ātman. Worauf könnte bei einem solchen Bewusstsein die Wahrnehmung von Gut und Böse beruhen?«

Das Gespräch ging weiter. Harold, der an jenem Tag zurückgekehrt war, fragte: »Manche sagen, die Reinkarnation finde sofort nach dem Tod statt. Andere behaupten, die entkörperte Seele müsse eine bestimmte Zeitlang in ihrem Zustand bleiben, hundert, fünfhundert, tausend Jahre, bevor sie wieder einen Körper annimmt. Woran soll man nun glauben?«

Darauf entfaltete sich eine längere Diskussion über das Problem der Reinkarnation. Sobald Vanya zu Wort kommen konnte, gestand er dem Guru, dass es ihm nutzlos und töricht erscheine, sich wegen früherer oder zukünftiger Leben Sorgen zu machen. Er selbst sehe in der Theorie der Wiedergeburt wenig Sinn. »Einverstanden«, erwiderte Gñānānanda, »was die Sorgen betrifft. Doch mit welchem Recht behauptest du, dass es keine Wiedergeburt gibt? Dieses gegenwärtige Leben muss doch eine Ursache haben. Gibt es außer der Lehre der Wiedergeburt noch eine andere Begründung? Sie allein kann erklären, warum wir auf die Welt gekommen sind.«

»Gut«, sagte Vanya, »doch welche Ursache hat diese vorausgegangene Geburt?«

»Nun, die davor, und so weiter.«

»Vollkommen richtig, doch einmal muss jemand doch zuerst auf die Welt gekommen sein. Wie sollen wir uns diese Geburt erklären?«

»Wer wurde jemals geboren«, versetzte Gñānānanda darauf. »Niemals hat es Geburt und Tod gegeben und niemals wird es sie geben. Die Hände, die Füße, die Augen, der Atem, das alles hat einmal angefangen. Und was einen Anfang hat, wird bestimmt einmal enden. Doch *Ich*? Selbst wenn der Atem aufhört, bleibe ICH nicht bestehen?«

> »Er stirbt nicht und wird nicht geboren,
> der Mensch, der weiß.
> Woher kommt er? Was wird aus ihm?
> Ungeboren, ewig, uranfänglich, immer er selbst!
>
> Wenn der Totschläger glaubt, er töte
> und der Getötete sich tot glaubt,
> sind sie ohne Einsicht, alle beide:
> Niemand tötet und niemand wird getötet.«

(Kaṭha-Upanishad)

»Der Unsterbliche kann nicht sterblich werden,
noch der Sterbliche unsterblich.
Keine Auflösung, keine Erschaffung,
keine Bindung, keine Befreiung,
keine Knechtschaft; keine Sehnsucht nach Erlösung.
Das ist die letzte Wahrheit.«

(Gauḍapāda-Kārikā)

Fragen und Antworten zwischen den Besuchern und dem Swami lösten einander endlos ab. Vanya folgte ihnen gedankenverloren. Er dachte an alles, was er in den letzten Tagen gehört und gesehen hatte und an die neuen Fragen, die seine Erlebnisse gewiss aufwerfen würden.

Plötzlich heftete Gñānānanda seinen Blick auf einen Besucher, der nahe der Tür in der rechten Ecke saß, und ganz ohne Bezug auf seine letzten Worte sagte er scharf:

»Du suchst und suchst überall, in dieser Religion und jener Religion, bei diesem Meister und jenem Meister. Bring dich nicht noch mehr in Verwirrung! Halte dich an die Lehren unserer Rishis in den Upanishaden. Ihnen ist die Göttliche Wirklichkeit geoffenbart worden. Darin steht alles, Du brauchst nicht anderswo zu suchen.«

Eines Abends nach dem Essen wollte Vanya den Swami besuchen, um mit ihm etwas freier zu sprechen. Er saß auf der großen Steinbank in der Nähe des Brunnens. Vor ihm auf dem Boden saß ein junger Mann, der lebhaft diskutierte. Er schien von Leuten zu erzählen, die ihn betrogen und ihm Geld abgedungen hatten unter dem Vorwand, Pūjās zu feiern, Mantras zu rezitieren und ähnliche Dinge mehr. Sri Gñānānanda versuchte, ihn zu beruhigen, doch der Junge kam immer wieder auf seine Anklage zurück. So ging das eine ganze Weile.

Als er endlich weggegangen war, trat Vanya auf Gñānānanda zu und jener richtete die folgenden Worte an ihn:

»Der Hinduismus ist eine Anhäufung von Aberglauben und Geldgier. Jeder versucht, seinen Nachbarn übers Ohr zu hauen. Doch eines gibt es in der Religion der Hindus, das man bei allen anderen vergeblich sucht: Die Wissenschaft des Brahman, die Vision des Ātman, die wahre Weisheit!«

FESTE IM ASHRAM

Am nächsten Donnerstag war die *ekādaśī,* der elfte Mondtag. Die Tradition verleiht diesem Tag besondere Bedeutung. Viele Hindus nehmen keine feste Nahrung zu sich oder lassen wenigstens die übliche Reismahlzeit aus. An diesem Tag sollen auch alle mehr als gewöhnlich beten.

Am Nachmittag sangen die Brahmanen des Agrahāram wie gewöhnlich zuerst die Litanei der Namen Gottes. Doch bald darauf strömten aus dem Agrahāram und aus Tirukoyilur alle Verehrer von Sri Gñānānanda, die sich frei machen konnten, und von vier bis acht Uhr abends gab es ein herrliches *bhajan.*

Die Brahmanen psalmodierten die Taittirīya-Upanishad mit tiefen Stimmen und in einem sehr langsamen Rhythmus. Danach sangen die Frauen tamilische Hymnen. Kailasanadar stimmte seine bevorzugten Strophen von Manikkavāsagar an. Murugan Das entschied dann, dass alle mitsingen sollten. Er begann selbst vorzusingen und am Ende jeder Strophe oder Anrufung der Litanei forderte er die Menge auf, die Antwort zu singen. Bei jeder Wiederholung wurden der Eifer und die Begeisterung größer.

Unter dem großen Zelt standen, auf einem Tischchen, einige Bilder von Shiva und Murugan. Vor ihnen brannten Lampen mit Öl oder zerlassener Butter und viele stark duftende Räucherstäbchen. Jeder Besucher brachte Blumen, Früchte oder Weihrauch mit. Sie häuften sich vor den Gottesbildern auf. Die Gesänge, die Düfte, die Lichter: Es war unmöglich, der Atmosphäre zu widerstehen. Der

Priester brachte mehrmals *ārati* dar; er legte brennenden Kampfer in eine Schale und machte feierliche Kreisbewegungen vor dem Bild.

Eine ganze Reihe Brahmanen, die zum *bhajan* der *ekādaśī* gekommen waren, blieben in dieser Nacht im Ashram. Wenn sie des Singens und Erzählens müde wurden, streckten sie sich einfach unter dem Baldachin aus und schliefen ein. Länger als alle anderen setzte Murugan Das seine Gesänge und Litaneien fort.

Bald erhoben sich in der Stille, wie ein Echo zu seinen Anrufungen an Murugan noch andere Stoßgebete. Der Rhythmus und die Melodie glichen auf merkwürdige Weise den christlichen Gebeten in Tamil. Vanya war überrascht und hörte aufmerksam zu.

Tatsachlich hörte er das Vaterunser und das Gegrüßet-seist-du-Maria, unermüdlich eines nach dem anderen, und ein Nachbar unterstrich die Worte mit Anrufungen an Murugan. Das ging eine Zeitlang so weiter. Schließlich wurde der Rhythmus langsamer, die Stimmen verebbten und schließlich vernahm man nur noch von Zeit zu Zeit ein Stoßgebet: *Yesuve* (Jesus)! *Andavare* (Herr)! *Muruga*! *Tayare* (Mutter)! *Mariyave* (Maria)! ... und bald darauf lag über allen das große Schweigen des Schlafs.

Am nächsten Morgen ging Vanya mit Murugan Das und den anderen zum Brunnen, um das rituelle Morgenbad zu nehmen. Ein Bauer kam und half, das Wasser hochzuziehen. Er hatte besonders Mitleid mit Vanyas Unerfahrenheit und zog ihm mit großer Hingabe so viele Eimer Wasser hinauf wie er nur konnte und bespritzte ihn dann mit großem Vergnügen. Er trug eine Medaille um den Hals. Vanya war neugierig geworden und fragte ihn, wer er sei. Er war ein armer Bauer und stammte aus einem Dörflein, das sieben oder acht Kilometer entfernt lag. Am Tag zuvor hatte er sich in Tapovanam als Handarbeiter verdingt und Sand und Ziegelsteine für einen Neubau getragen. Gestern Abend war er müde gewesen und da er ohnehin am nächsten Morgen für seine Arbeit zurückkehren musste, war er einfach dageblieben und hatte im Ashram geschlafen. Er gab zu, dass er ganz laut bis in die Nacht gebetet hatte. Das war seine Angewohnheit, erklärte er, gleichgültig wo er war, sang er jeden Abend solange bis er einschlief.

Vanya traf noch einen anderen Christen im Ashram, einen jungen Mann aus der Nachbarschaft, der das College in Tirukoyilur besuchte und häufig mit seinen Kameraden kam, um das Darshana des Guru zu bekommen. Vanya hatte schnell herausgefunden, dass dieser Student anders war. Et warf sich nicht vor dem Guru zu Boden und selbst wenn er die Hände zum *añjali* faltete, tat er es auf eine Weise, die ihn als einen Nichthindu auswies. Da war irgendetwas Fremdes in der Art, wie er die Hände zusammenlegte und an die Brust presste. Der junge Mann wollte offenbar mit Vanya ins Gespräch kommen. Vanya war freilich an einem Gespräch mit ihm genauso wenig gelegen wie mit jedem anderen. Eines Mittags war der Student bis in das kleine Zimmer vorgedrungen, in dem sich Vanya ausruhte. Jener gab ihm ein Zeichen, dass er nicht spreche. Der Student aber blieb und bat ihn, wenigstens einige Worte als Antwort auf seine Fragen aufzuschreiben. Mit Zeichen fragte ihn Vanya, ob er sich die drei Aschenstreifen Shivas auf die Stirn streiche. Der Junge machte ein Kreuzzeichen. Vanya fragte nach seinem Namen. »Gñānaprāgasam«, antwortete er. »Wenn du ein Christ bist, warum bist du dann hier? Gibt es keine Priester in deinem Dorf?« -»Doch. Ich will aber den Hinduismus kennenlernen. Ich mochte Bücher über den Hinduismus lesen. Können Sie mir welche geben?«- »Ich habe überhaupt nichts, was ich dir geben könnte. Warum gehst du nicht zum Guru?« -»Ich habe Angst.« – »Warum kommst du dann zu mir?« -»Weil ich in diesem Ashram nach dem Guru zu Ihnen das größte Vertrauen habe.« Vanya zog es vor, die Unterhaltung abzubrechen und verwies den Studenten nochmal sehr eindringlich auf die Priester in seiner Pfarrei.

Zwei Tage nach *ekādaśī* wurde Shivarātrī, die Nacht Shivas, gefeiert. Auch sie war ein unvergessliches Erlebnis. Jede dreizehnte Nacht des abnehmenden Mondes ist Shiva geweiht, doch im Monat *māsi* nach dem Tamilkalender (im Monat *phalgun* in Nordindien), zwischen Mitte Februar und Mitte März ist diese dreizehnte Nacht besonders heilig. Die Gläubigen feiern, so sagen sie, die Erscheinung Shivas als Lichtgestalt auf dem Gipfel des Arunāchala. Die ganze Nacht sollen sie Pūjās feiern, singen und beten und wachen. Am Tag vorher soll strenges Fasten Körper und Seele auf die Feierlichkeiten vorbereiten.

Alles war wie am Abend der *ekādaśī*, doch noch großartiger und die Feiern dauerten diesmal von acht Uhr abends bis vier Uhr am nächsten Morgen. Genau um Mitternacht, ein besonders begnadeter und heiliger Augenblick, stellten einige Gläubige eine große Öllampe aus Kupfer auf. Bevor sie sie absetzten, wurde der Boden mit geweihtem Wasser besprengt und eine junge Brahmanin zeichnete die üblichen *yantras* darauf. Dann wurde die Lampe entzündet und die Versammelten tanzten und sangen unermüdlich bis in den frühen Morgen um die symbolische Flamme zu Ehren Shivas, der sich in seiner Epiphanie des Lichtes und der Gnade geoffenbart hatte.

In jener Nacht war ein Brahmane aus der Stadt unter den Gästen des Ashrams, der oft Sri Gñānānanda mit seiner Frau und seinem ältesten Sohn Sundaram besucht hatte und ihm stets alle Ehre erwies. Doch diesmal brachte seine Frau nicht den Mut auf, ihn zu begleiten. Das Herz war ihr zu schwer, nichts konnte sie trösten. Denn gerade in dieser Nacht würde Swami Sivānanda ihrem zweiten Sohn Sanduru in Rishikesh an den Ufern des Ganges die feierliche Initiation in den *sannyāsa* geben. Mehrere Jahre lang hatte Sanduru im Ashram von Swami Gñānānanda gelebt und ihm treu gedient. Damals hatte er zwei besonders geliebte Schüler gehabt. Der andere war aus Kumbakonam. Beide waren bereit, der Welt für immer zu entsagen, wenn es ihnen der Meister erlaubte. Dem einen gebot er zu heiraten, dem anderen, Sanduru, riet er, in die Himalayas zu gehen, um sich innerlich noch mehr von der Bindung an die Familie zu befreien.

Sanduru war schon seit mehreren Monaten im Norden. Der Augenblick war für ihn gekommen, das *kāvi*-Gewand zu empfangen, als ein Zeichen, dass er sich für immer einem Leben der Armut, der Einsamkeit und des stillen Gebets geweiht hatte. Oft wird

Shivarātrī als Zeitpunkt für diese heilige Handlung ausgewählt. In dieser Nacht sollte er also allem, was ihm bisher in der Welt gehört hatte, entsagen, indem er in einer symbolischen Geste die besonderen Kennzeichen eines Brahmanen, nämlich die Schnur des Zweimalgeborenen und seinen Haarschopf, in den Ganges warf und ein letztes Mal die Gāyatrī, das wichtigste Mantra der Brahmanen, aussprach. Er verlor seinen Namen, seine Kaste, seine Ahnen dem Fleische nach. Er empfing einen neuen Namen von dem Guru, der die Einweihung spendete. Von jetzt ab würde er nicht mehr dem Rishi angehören, von dem er in einer ununterbrochenen Folge menschlicher Ahnen abstammte, sondern einem Rishi, mit dem ihn die unablässige Folge von Einweihungen von Guru zu Guru in einer spirituellen Abkunft verband. Mehr noch, er muss versuchen, seinen wahren Ursprung einzig in der Tiefe des Herzens zu entdecken. Wer der Welt entsagt hat, bevor er wenigstens einen Sohn gezeugt hat, damit die Familie nicht ausstirbt und die vorgeschriebenen Riten zum Wohl der Vorfahren ausgeführt werden können, der steht, so glaubt man, unter einem inneren Antrieb, der so stark ist, dass niemand ihm widerstehen kann. Wenn er entschlossen war, von jetzt an ohne Heimat und Familie zu leben, ohne einen anderen Lebensunterhalt als die Almosen der Diener Gottes, ohne Möglichkeit, auf die Riten zurückzugreifen, die für den Laien der Ausdruck seiner Beziehung zu Gott sind, dann nur, weil ihn der göttliche Geist bereits überwältigt hat. Er hat das verzehrende Feuer der Göttlichen Wirklichkeit zumindest erahnt, deshalb bleibt ihm nichts anderes übrig, als sich auch äußerlich frei von allen Bindungen seiner inneren Erfahrung hinzugeben.

Die Erinnerung an das Kind, das alle Menschen liebten, erfüllte diese Nacht. Der Meister war hocherfreut und hatte dem geliebten Schüler bereits vor einigen Tagen seinen Segen als geistiger Vater gesandt. Alle Gläubigen freuten sich mit dem Guru. Auch der ältere Bruder des neuen *sannyāsī* stimmte ohne große Schwierigkeit ein. Doch für den Vater des Kindes war es ein schweres Opfer. Er hatte von einer schönen Zukunft für seinen Sanduru geträumt. Und nun, würde er dieses Kind jemals wiedersehen? Die strengste Tradition schreibt vor, dass der *sannyyāsī* für die Seinen gestorben ist und die Seinen für ihn: Wer ist meine Mutter? Wer ist mein Bruder? Doch Sri Ranganatha Ayyar empfing dankbar die Glückwünsche seiner Freunde, die ihn aufforderten, Gott zu preisen für die große Gnade, die er seiner Familie erwiesen hatte. Wenn es bereits eine unvergleichlich große Gnade ist, als Mensch und vor allem als Brahmane geboren zu werden, wieviel mehr ist es dieses »Sakrament«, das aus eigener Kraft alle Bindungen zerschneidet und unmittelbar zu *mokṣa*, zur vollkommenen Befreiung führt, die die Erfüllung und gleichzeitig das Ende aller Geburten darstellt. Die liebevollen Worte Gñānānandas und sein Segen waren für den Vater Sandurus kostbarer als alle anderen Trostworte und Glückwünsche. Aber die arme Mama hatte es nicht übers Herz bringen können, sich an diesem Abend vor dem Mann zu Füßen zu werfen, der ihr ihr geliebtes Kind »geraubt« hatte, indem er ihm den königlichen Weg zur Befreiung gewiesen hatte. Sie war zu Hause geblieben, allein, ihren Tränen überlassen...

Die Herzen der Väter und Mütter schlagen gleich in allen Ländern und bei allen Völkern. Und überall stellt der Herr dieselben Forderungen. Jene, die er für sich gewinnen will, lehrt der Herr nach und nach die Sprache des Geistes. Mannigfach sind die Laute, die ans Ohr dringen und derer sich Gott bedient, um den Menschengeist zu öffnen; sie unterscheiden sich je nach der Lebenssituation, in die ein Mensch hineingeboren wurde – doch die Geburt Gottes im Menschen ist überall gleich. Der Anruf Gottes steigt aus der Tiefe, unwiderstehlich, und wo er ertönt, durchbohrt er die Herzen.

Zu dieser Zeit lernte Vanya in Tapovanam zwei *sannyāsīs* kennen, die ihre Initiation als Mönche in dem berühmten Ashram von Rishikesh bekommen hatten. Der eine war voller Bewunderung für seinen Guru, der andere sprach eher abfällig von ihm und deutete an, dass seine Berühmtheit reine Propaganda sei.

Wie dem auch sei, auf welche Weise dieser Mönch Gñānānanda kennengelernt hatte, ist gewiss erzählenswert. Er lebte schon seit mehreren Jahren in Rishikesh, und zwar im Ashram von Ānandakutir, als er eines Tages (Vanya erinnerte sich später nicht mehr, ob der *sannyāsī* gewacht oder geschlafen hatte) einen älteren *sannyāsī* auf sich zukommen sah, der ihn einlud, mit ihm zu gehen. Er hatte das Gesicht des Sadhu nie zuvor gesehen, obwohl er Indien kreuz und quer durchwandert hatte und auf diesen Pilgerreisen unzählige *sannyāsīs* getroffen hatte. Zweimal ereignete sich dieser Vorfall und Pūrnānanda wurde immer verwirrter. Eines Tages betrat er ganz zufällig die Zelle Sandurus, des jungen Novizen von Tirukoyilur. Man kann sich seine Bestürzung vorstellen, als er auf dem Photo, das an der Wand hing, dasselbe Gesicht entdeckte, welches ihm erschienen war.

»Wer ist das?« fragte er Sanduru mit erregter Stimme.

»Swami Gñānānanda, mein verehrter Meister«, antwortete dieser sogleich. Pūrnānanda wollte natürlich noch mehr wissen, und der Novize erzählte mit verständlichem Eifer. Und bald erschien er selbst in Tapovanam, auf der Suche nach dem Guru, der seine Schüler auf so sonderbare Weise zu sich ruft.

Der andere Schüler von Swami Sivānanda war Swami Gāyatryānanda. Er wohnte schon seit einiger Zeit in den Nebengebäuden einer der Tempel in Tiruvannamalai und hielt an verschiedenen Orten Vorträge über die Lehren seines Meisters. Er verteilte seine Veröffentlichungen und versuchte, wo immer er konnte eines jener spirituellen Zentren zu gründen, die unter dem Namen »Divine Life Society« (Gesellschaft des Göttlichen Lebens) überall in Indien die Gedanken und Erfahrungen des Meisters von Ānandakutir ausstrahlen. Er dachte auch daran, in Tirukoyilur eine Zweigstelle zu errichten. Er besuchte Tapovanam, erläuterte den Bewohnern des Ashrams seine Absicht, erhielt den Segen des Guru und begann, Vorträge im Tempel des Vishnu Perumal zu veranstalten. Vanya erfuhr später, dass er wenig Erfolg hatte. Sein Freund, der ihm diese Einzelheiten berichtete, drückte es so aus : »Wozu sind all diese Gesellschaften und Organisationen gut? Warum sollen wir – durch einen Vermittler – Licht und Inspiration bei einem Swami suchen, der gewiss sehr heilig ist, den wir aber nicht kennen und der dreitausend Kilometer entfernt wohnt, während es einen Steinwurf entfernt einen Guru gibt, der alle Weisen Indiens aufwiegt?«

Aber Gāyatryānanda war ein ausgezeichneter Mann und vollkommen ernsthaft. Er war leider äußerst schwerhörig und konnte sich ohne die Hilfe eines komplizierten Hörgeräts mit niemanden unterhalten. Davon reichte er das eine Ende seinem Gesprächspartner und legte das andere an sein Ohr. Er hatte eine unerschöpfliche Geduld und ließ sich die Sätze unzählige Male wiederholen, bis er endlich begriffen hatte, was man ihm sagen wollte.

Eines Mittags musste er nach Tiruvannamalai zurückkehren und Vanya begleitete ihn bis zur Bushaltestelle. Beide versuchten mit Hilfe des Ohrhorns und der Rohre das Beste aus ihrer Unterhaltung zu machen. Doch diesmal konnte Vanya ihn kaum verstehen. Gāyatryānanda sprach ständig von einem bestimmten Swami, den Vanya nicht kannte. Manchmal schien er von Sri Gñānānanda zu sprechen, doch dann war es wieder klar, dass er ihn nicht meinen konnte. Swami hatte dies gesagt, jenes gedacht, folgendes entschieden... Vor allem erzählte er, hatte »Swami« die Absicht, in der Nahe von Tapovanam eine Hütte zu bauen, denn »Swami« war überzeugt, dass eine bestimmte Zahl von Tagen in Schweigen und Meditation von selbst zum Darshana des Ātman führen werde... Dann sprach er davon, dass »Swami« unverzüglich nach Kerala abreisen müsse. Jetzt konnte sich Vanya nicht mehr halten und unterbrach den Swami:

»Was, Swami Gñānānanda fährt nach Kerala? Davon hat mir noch niemand erzählt. Wann reist er ab?«

»Aber nein, nicht Swami Gñānānanda«, erwiderte er sogleich, »sondern *dieser* Swami hier.«

Und die Hand des »Swami« wies auf sich selbst...

Vanya hatte vergessen – oder wusste es noch nicht recht – dass ein wahrer *sannyāsī* sein Ich verloren hat und in das Göttliche Ich eingegangen sein soll. Wie also konnte er von sich noch in der ersten Person sprechen?

Um ihr Armutsideal zu bewahren, gebrauchen oder gebrauchten früher europäische Klosterfrauen den Plural der Bescheidenheit »wir« und »unser«, wenn sie von ihren Strümpfen und Stricknadeln sprachen. Die Sadhus haben ihr Ich davontreiben lassen, als sie im Ganges die Einweihung empfingen. Und deshalb sprechen sie von sich nur in der dritten Person. Doch *wer* spricht dann von dem Swami in der dritten Person?

Wir wissen nicht, was es mit den Zweifeln Pūrnānandas und der rückhaltlosen Verehrung des anderen Schülers für seinen Meister Swami Sivānanda auf sich hatte, doch Vanya hörte in diesen Tagen eine Geschichte über Sivānanda, die sich lohnt zu erzählen.

Es geschah an einem Januarabend, der kältesten Jahreszeit im Vorgebirge der Himalayas. Sivānanda saß in einer Halle des Ashrams und meditierte inmitten seiner Gäste und Schüler. Alle waren in Decken eingehüllt und trugen Wollschals um den Kopf. Plötzlich brach ein harter Laut das Schweigen. Jeder öffnete die Augen und blickte um sich. Eine Messerklinge hatte sich gerade in das Bild gebohrt, das unmittelbar hinter dem Kopf des Guru hing. Sie hatte zuerst seine Stirn gestreift und war zum Glück von seinem Turban abgelenkt worden. Die Menschen stürzen hinaus, stellen den Schuldigen und führen ihn zum Polizeiamt in der Nähe. Es war ein junger Mann aus Südindien gewesen, den Sivānanda in seiner unerschöpflichen Güte wie so viele andere in den Ashram aufgenommen hatte. Er hatte nämlich trotz des skeptischen Urteils seiner Umgebung gehofft, dass der arme Junge Nutzen aus der spirituellen Atmosphäre im Ashram ziehen würde.

Am nächsten Morgen vor Sonnenaufgang war Sivānanda im Polizeiamt mit Blumen in der Hand. Er fragte nach dem jungen Mann. Als er ihn sah, legte er ihm eine Girlande um den Hals und berührte seine Füße – lebt der Herr nicht in allen Lebewesen und Formen? Er vertraute ihn darauf einem seiner Schüler an, der ihn nach Delhi brachte, in einen Zug nach Salem setzte und ihn mit dem notwendigen Reisegeld versah.

Am nächsten Montag sollten die jungen Brahmanen von der vedischen Schule im Sri Ramana Ashram nach Tapovanam kommen, um Sri Gñānānanda ihre Verehrung zu erweisen. Deshalb stellte man das große Zelt auf, bedeckte den Sitz des Guru mit einem Tigerfell und legte auf den Boden davor Matten und Teppiche für die Besucher.

Das Auto, das die Kinder bringen sollte, ließ auf sich warten. Vanya ging an der Breitseite des Zeltes auf und ab und unterhielt sich mit dem Swami. Am anderen Ende des Zeltes saßen zwei oder drei Besucher beisammen, lasen etwas mit geheimnisvollen Gesichtern und blickten dabei mehrmals verstohlen auf Gñānānanda. Er bemerkte das bald und fragte, was es denn gebe. Die Leute taten zuerst ganz unschuldig und versuchten, ihr Papier zu verbergen. Doch Gñānānanda drang in sie und bald blieb ihnen keine andere Wahl, als zu zeigen, was sie in Händen hielten. Es war ein Gedicht in Tamil, das einer der Anwesenden zu Ehren des Guru geschrieben hatte.

»Lies einmal vor«, sagte er einfach.

Diese Gelegenheit durfte sich Vanya nicht entgehen lassen. Er stellte sich so hin, dass er gleichzeitig den Vorleser und den Gesichtsausdruck und die Reaktionen von Sri Gñānānanda beobachten konnte. Er hörte mit gewohnter Aufmerksamkeit zu, doch erschien nicht das geringste Zeichen der Selbstgefälligkeit oder der Verstimmung auf seinem Gesicht. Zwei- oder dreimal unterbrach er und ließ den Satz zum besseren Verständnis wiederholen. Er tadelte eine Satzkonstruktion und schlug am Ende einige grammatische Verbesserungen vor – ganz unberührt, als handle es sich um einen Fremden.

Schließlich erschienen die Kinder. Sri Gñānānanda setzte sich, ohne den vorbereiteten Sitz zu beachten, auf den erstbesten Stuhl und begrüßte mit seiner wohlbekannten Güte und Heiterkeit jedes einzelne Kind. Sie näherten sich ihm eines nach dem anderen, berührten den Boden mit der Stirn, erhoben sich, bedeckten ihre Ohren mit den Händen und nannten ihren Namen und ihre Herkunft.

Nach der Begrüßung setzten sich alle hin und die jungen Brahmanen begannen die Veden zu singen. Danach ließen sie den Hymnus an Dakshinamūrti von Shankara folgen, rezitierten mehrere *sūktas* und schlossen mit einigen Hymnen in Tamil und Sanskrit von Sri Ramana Maharshi ab.

Als sie geendet hatten, fragte Sri Gñānānanda ihren Leiter, ob die Kinder denn verstünden, was sie singen.

»Nein, natürlich nicht«, sagte er überrascht.

Man glaubt nämlich im allgemeinen, dass die Kinder die Texte leichter behalten können, wenn sie sie nicht verstehen. Die erste Aufgabe für einen Schüler der Veden besteht im Auswendiglernen der Worte mit ihrer genauen Aussprache, ihrer Betonung und Sprachmelodie, so wie es die Tradition vorschreibt und überliefert hat. Der Leiter der vedischen Schule erinnerte Gñānānanda respektvoll daran.

»Sie haben gewiss Recht in Bezug auf die Veden«, antwortete Gñānānanda. »Bei ihnen steht jedes Wort fest. Sie sind ewig und niemand hat ein Recht, etwas zu verändern. Zuerst müssen wir ihre Worte auswendig lernen und dann erst sie verstehen lernen. Trotzdem: Gießt man denn Wasser in einen Brunnen? Das Wasser muss im Brunnen selbst entspringen, aus der Quelle in der Tiefe. Genauso verhält es sich mit den Gesängen, die wir an Gott richten. Wenn wir die Worte verstehen, strömt das Gebet aus der eigenen Tiefe hervor, wenn nicht, nun dann ist es, als würden wir mit einem Eimer Wasser in den Brunnen hineingießen und mit einem anderen wieder hinaufziehen ...«

Vanya blieb nur noch zwei Tage in Tapovanam. In einem der letzten Gespräche mit Sri Gñānānanda erzählte er, dass er manchmal den Zustand erfahre, von dem der Guru mehrmals gesprochen hatte; in Tamil heißt er »schlafen, ohne zu schlafen«, man konnte ihn auch mit »wachender Schlaf« oder »wachsamer Schlaf« umschreiben. Für den Körper ist es ein Zustand, der dem Schlaf ganz ähnlich ist. Der ganze Organismus befindet sich im Schlafrhythmus, doch das Bewusstsein bleibt wunderbar klar, eine einfache innere Aufmerksamkeit, die auf keinen Gegenstand konzentriert ist. Wenn Gedanken oder Bilder auftauchen, dann erscheinen und verschwinden sie wie etwas, das ganz unabhängig ist von diesem tiefen und wesentlichen Bewusstsein, ein wenig wie die Traumbilder.

»Ganz recht«, antwortete der Guru. »Doch behältst du bei diesem Erlebnis noch das Bewusstsein von dir selbst. Und gerade das muss verschwinden, es koste, was es wolle. Bohre tiefer, immer tiefer nach innen, bis es nur noch reines Bewusstsein gibt ohne jede Erinnerung an dich selbst. Dann wird das Licht leuchten und der Ātman erscheinen. Der Gedanke an das Ich wird wie ein Schatten sein. Was ist schon dieser Schatten? Hat er irgendeine Wirklichkeit? Ebenso verhält es sich mit allen geschaffenen Dingen der Welt. Im Licht des Ātman erscheint das alles wie ein Schatten.

Der Ātman ist in dir die Ursache von allem, was dein Körper tut und wahrnimmt und von allem, was deine Intelligenz denkt und versteht. Und du, du bist Ātman und bleibst von allem unberührt.

Nicht im Licht der Intelligenz, sondern im Licht des Ātman müssen wir alles wahrnehmen, im Ātman müssen wir essen, trinken, gehen, hören, lesen, schreiben, im Licht des Ātman müssen wir alles tun. Es gibt nichts Wirkliches außer dem Ātman. Vielmehr ist alles, was besteht, erfüllt von dieser Wirklichkeit. Alles Sichtbare erscheint nur in diesem Licht. Alles Hörbare wird hörbar im *praṇava,* dem OM, dem »Namen« des Ātman.

Die schlimmste Krankheit ist, den Ātman nicht zu kennen. Die Göttliche Wirklichkeit nicht zu kennen, ist für den Geist ein gefährlicheres Fieber, als ein heftiger Fieberfrost für den Körper. Aber es gibt ein Heilmittel für dieses Fieber und dieses Heilmittel ist jedem zugänglich. Uns allen ist es möglich: Jñāna, die wahre Wissenschaft, die Selbst-Erkenntnis, das Darshana, die Schau des Seins. Dieses Heilmittel kann nur durch *dhyāna,* durch die stille, konzentrierte Innenschau erworben werden.«

»Wenn dieses Heilmittel so einfach zu haben ist«, sagte Vanya, »warum machen dann so wenige davon Gebrauch?«

»Betrachte die Kinder«, antwortete Gñānānanda. »Wenn sie krank sind, bereiten ihre Mütter den geeigneten Trank für sie zu und geben ihn ihnen zu trinken. Aber die Kinder mögen ihn nicht. Sie wehren sich mit den Armen, strampeln mit den Beinen in der Luft, drehen sich auf die andere Seite, pressen die Lippen zusammen. Wenn die Mama ihnen trotzdem einen Löffel voll in den Mund stecken konnte, dann spucken sie alles wieder aus. Genauso sind die Unwissenden, die sich gegen die Weisheit wehren.

Die Weisheit, das wahre Wissen wird niemals die Seele gegen ihren Willen betreten. Wir müssen sie ersehnen und zwar mit ungeteilter Sehnsucht.

Du erfährst eines Tages, dass auf der anderen Seite des Flusses ein Swami wohnt, von dem man sich wunderbare Dinge erzählt. Du möchtest um jeden Preis sein Darshana bekommen. Du machst dich auf den Weg. Du hältst am Ufer des Flusses. Durch die Furt kannst du nicht waten. Ihn zu durchschwimmen ist zu gefährlich. Ein Fährmann steht am Ufer. Du bittest ihn, dich auf seinem Boot ans andere Ufer zu bringen.

›Einverstanden‹, sagt er. ›Doch wirf zuvor dein Gepäck weg. Ich fahre nur Menschen, nicht ihre Sachen.‹

›Aber mein Gepäck, das kann ich unmöglich zurücklassen. Was soll ich ohne meine Sachen tun? Ich habe mein Essen für die Reise, meine Decke für die Nacht darin. Ich habe Blumen und Früchte, die ich dem Swami anbieten will. Ich habe meine Andachtsbücher, in denen ich täglich lese: Mein Gepäck ist doch nicht so schwer. Komm, Fährmann, sei vernünftig! Bring mich hinüber, so wie ich bin, mit allem, was ich bei mir trage. Du bekommst auch einen angemessenen Lohn.‹

›Tu was du willst‹, antwortet der Fährmann. ›Du musst dich entscheiden. Lass dein Gepäck hier und ich bringe dich hinüber. Kannst du dich aber nicht von deinem Gepäck trennen, bleibst du eben hier. Was von beiden willst du wirklich? Das Darshana des Swami oder deine alten Sachen?

Also, lass dein Gepäck fallen, fahre hinüber und du bekommst das Darshana des Ātman!‹

Wer kann denn laufen
mit Gepäck auf dem Kopf?

Der Guru erwartet von dir
dich selbst
und nicht, was du gekauft hast
auf dem Gang über den Marktplatz!

Nackt wurdest du geboren,
nur nackt kannst du wiedergeboren werden,
in der Herrlichkeit des Ātman!

Wer sich lässt, findet sich,
wer alles lässt, findet alles!
Wer sich bewahrt, verliert alles
und sich selbst dazu!«

Und Gñānānanda endete mit dem *śloka,* den er am liebsten hatte:

»Dort wo nichts ist,
gerade dort ist alles.
Dring ein in dies Geheimnis
und du wirst dir selbst entschwinden:
Dann erst BIST DU in Wahrheit!«

Nachwort von Swami Nityānanda Giri[18]

Das Feuer der Weisheit – der Titel des französischen Originals war schlicht *Gñānānanda*, der der englischen Übersetzung *Guru and Disciple* („Lehrer und Schüler") – beschreibt die Begegnung des französischen Benediktinermönchs Henri Le Saux, O.S.B. (Swāmī Abhishiktānanda) mit Sadguru Gñānānanda. Die erste Begegnung fand in der zweiten Dezemberwoche 1955 in dessen *āśram Sri Gñānānanda Thapovanam* statt, die zweite im März 1956 anlässlich eines 14-Tage-Retreats am selben Ort. Es gelingt ihm in seiner lebendigen, schönen und bewegenden Schilderung des Weisen, die Essenz seiner Lehre wiederzugeben.

Sri Gñānānanda war schon zu Lebzeiten eine Legende. Man glaubte, dass er in seinem wundervollen spirituellen Dienst ein phänomenales Alter, weit über 100 Jahre, erreicht hatte – niemand weiß mit Sicherheit wie alt. Viele waren neugierig, sein tatsächliches Alter und das Geheimnis seines langen Lebens zu erfahren. Sri Gñānānanda sprach aber niemals über seine Geburt und sein Elternhaus. Wenn man ihn über sein Alter fragte, winkte er mit einem freundlichen Lächeln ab: »Frag doch nach dem unsterblichen *Ātman*, der Innen ist, und nicht nach diesem vergänglichen Körper.« Das Herzstück seiner Philosophie war die Negation des Ego und all dessen, was nicht das Selbst ist, also den Körper, das Denkbewusstsein usw. Alles, was erreicht werden kann, spirituell wie zeitlich, gehört zur Ebene des Ego. Entsprechend gab Sri Gñānānanda

18 Swami Nityānanda war seit den späten 1960er Jahren ein Schüler von Sri Gñānānanda. Er ist heute Leiter des Ashrams Sri Gñānānanda Niketan in Sri Gñānānanda Thapovanam. Siehe www.gnanananda-niketan.org.

niemals Hinweise auf sein *sādhana* oder seine offensichtlich außergewöhnlichen spirituellen Verwirklichungen; er sprach auch nie über die Schüler, die von ihm Führung bekommen haben.

Sri Gñānānanda war immer vollkommen in der transzendentalen *advaitischen* Bewusstheit gegründet, ein *Jīvanmukta*[19] in *sahaja samādhi*[20], der stets im gegenwärtigen Augenblick lebte. Wenn er sprach, geschah dies immer auf der Ebene des *Ātman*, des Selbst, der absoluten Wahrheit. Sein Zustand war der von *sarvātmabhava*, eins mit dem Selbst aller Wesen aller Zeiten, der Vergangenheit wie der Gegenwart.

Einmal bat eine Anhängerin Sadguru Gñānānanda, er möge ihr eine kurze Beschreibung seines Lebens geben. Der Heilige erzählte ihr die Lebensgeschichte von Shirdi Sai Baba, als wenn es seine eigene wäre. Swāmī Abhisihktānanda hatte diesen Aspekt der Persönlichkeit Sri Gñānānandas verstanden und reflektiert über ihn sehr detailliert:

> Wenn ein Jñāni zu uns spricht, kann man immer sicher sein, wie er es meint? (...) Spricht er zu uns aus der Höhe des Ātman, der Absoluten Wirklichkeit? Oder passt er sich der Sprache der Erscheinungswelt an, um sich seinen Zuhörern verständlich zu machen? Der Ātman ist ungeboren, der Ātman ist überall, er transzendiert Zeit und Raum. (...) Wer den Ātman erfahren hat, ist immer und überall gegenwärtig.[21]

Das war des Weisen Art, diejenigen, die zu ihm kamen, zu unterweisen. Er erinnerte sie daran, dass sie das unsterbliche Selbst sind und sie sich nicht mit ihrem sterblichen physischen Körper identifizieren sollen.

Aus diesem Grund ist das Leben Swāmī Gñānānandas in Geheimnis gehüllt. Doch was lässt sich an der Oberfläche der Lebensgeschichte eines Weisen wahrnehmen? In der spirituellen Tradition Indiens wird dem historischen Aspekt keine große Wichtigkeit

19 Ein Weiser, der bereits im körperlichen Leben Befreiung erlangt hat.
20 Der natürliche Zustand des absoluten Seins.
21 Feuer der Weisheit, S. 68.

beigemessen. Selbst über die Daten des großen Philosophen und Heiligen Ādi Śankarācārya oder über seinen späteren Nachfolger in der *advaitischen* Tradition, Sri Vidyāranya, der zur Gründung des Vijāyanagara-Reiches beitrug, ist wenig bekannt. Aber es gibt Legenden über ihr Leben, die unsere Verehrung ihnen gegenüber anregen. Das Wichtige an ihnen, das, was ihren zeitlosen Wert ausmacht, ist ihre Lehre. Mit einer solchen Haltung müssen wir uns auch den spärlichen Details der Biographie Sri Gñānānandas nähern, die man aus seinen gelegentlichen Bezugnahmen und Bemerkungen zusammengesammelt hat.

Sri Gñānānanda wurde in sehr jungem Alter von seinem Guru Sri Swāmī Sivaratna Giri, dem Abt des ‚Jyotir Math', dem er in Pandarpur, dem bekannten Zentrum der maharashtrischen Mystik begegnet war, zu sich genommen. Der Guru nahm den jungen Schüler mit zu seinem spirituellen Sitz in Śrīnagar in Kashmir, wo er ihn in verschiedenen spirituellen Disziplinen schulte und in *Sannyāsa* initiierte.

Nach dem *Mahāsamādhi* seines *Guru* verzichtete Sri Gñānānanda auf den Abtstitel für den *Math* (Kloster) seines Guru und zog sich zu strenger asketischer Praxis zurück, weiter oben in die Höhen des Himālaya. Wie lange er dort blieb und wie lange er die Länge und Breite Indiens, Nepals, Burmas und Sri Lankas durchwanderte, kann nur vermutet werden. Er begegnete vielen spirituellen Berühmtheiten des 19. und 20. Jahrhunderts, wie den Heiligen Rāmalinga, Sri Rāmakrishna Paramahamsa, Sri Rāmana Maharshi und Sri Aurobindo.

Sri Gñānānanda gehörte zur Linie des ‚Jyotir Mutt', dem nördlichen, von Ādi Śankara Bhagavatpādācārya gegründeten geistlichen Sitz. Er war ein *Paramahamsa Parivrājaka Ācārya*, ein Wandermönch und -lehrer *par excellence.* Mit einer spontanen Liebe für die völlige Ungesichertheit und Anonymität, ohne Wunsch nach einer bleibenden Statt in dieser Welt, war er eine Verkörperung des wahren *Sannyāsa*-Geistes.

Erst in der letzten Phase eines außergewöhnlich langen Lebens und wundervollen spirituellen Dienstes ließ er sich an einem ruhigen Fleck am Nordufer des South Pennar Flusses in Tamil Nadu nieder. Nach und nach wuchs um Ihn herum der Āśram Sri Gñānānanda Thapovanam. Dieses Gebiet wird von der Tradition über die Jahrhunderte hindurch mit großen Heiligen in Verbindung gebracht. Etwa drei Kilometer von der Tempelstadt Tirukoyilur entfernt, liegt es in der spirituellen Aura des Arunāchala, jenem Berg des heiligen Lichts, welcher die Sucher nach spirituellem Wissen zu sich zieht.

Sri Gñānānanda war ein *Mahāyogi* und *Gñānasiddha*. In den Schriften wird gesagt, dass die achtfachen yogischen *siddhis* (außergewöhnliche Vollkommenheiten oder Kräfte) dem zukommen, der das Selbst verwirklicht hat. In der Gegenwart Sri Gñānānandas ereigneten sich außergewöhnliche Dinge. Der Wunder sind viele, die von den Verehrern erzählt werden. Doch das größte Wunder war die spirituelle Transformation dessen, der sich ihm in Verehrung hingab. In einem Vers, den er als Segen einem Buch von Karai Siddhar, einem *Siddha*, widmete, sagte Sri Gñānānanda: »Mit Gott zu verschmelzen ist die wahre *siddhi*; derjenige ist ein *Siddha*, der wahrhaftig Śiva ist.« Der Weise hielt nichts von Wundern. Er warnte spirituelle Sucher davor, solche Kräfte zu suchen.

Aus seiner Lehre sahen wir, dass er ein *Kuṇḍalini Yogi* war. Er hatte yogische *siddhis* wie *nava khaṇḍa yoga* – er konnte die Glieder seines Körpers zerlegen und wieder zusammensetzen. Wir haben Grund anzunehmen, dass er sowohl der *Nātha Siddha* Tradition in Nordindien als auch der tamilischen *Siddha* Tradition im Süden (Sri Lanka, Tamil Nadu und Karnataka) angehörte. Er hatte Berührung mit Siddharudha von Hubli und Swāmī Nityānanda von Ganeshpuri. Er zitierte oft aus den Liedern der tamilischen *Siddhas*. Er selbst schuf diesem ähnliche Kompositionen *extempore*.

Ein wahrer *Siddha* ist auch wie ein Zen-Meister. Durch plötzliche paradoxe Aussagen erschüttert er das Denken des Schülers und führt ihn so dazu, es zu transzendieren.

Es geschah einige Tage nachdem sich ihm ein *Brahmacārī* angeschlossen hatte. Als dieser auf der Veranda hinter dem Weisen herging, drehte sich der Meister plötzlich um und rief mit lauter Stimme: »Da ist ein dichter wilder Wald mit hohen Bäumen. Was sollen wir tun?« Der *Brahmacārī* war verblüfft. Er konnte die Frage nicht verstehen. Dann drehte sich der Meister wiederum um, sah ihn an und sagte in seiner lauten Stimme: »Ja, wir werden ihn niederbrennen!«

Der *Brahmacārī* war, durch seine Hingabe, völlig offen für die Unterweisung des Meisters. Deshalb konnte er dessen Worte unmittelbar mit der Lehre der Gītā in Beziehung bringen. Das Feuer war die Erkenntnis des Selbst, *Ātman*, der, weil er reines Bewusstsein ist, weder ein Handelnder noch ein Genießer des Resultats von Handlungen ist. Die Intuition, dass der *Ātman* seine eigene wahre Natur ist, verbrennt den dichten Wald des *karma*. Es ist nicht möglich, *karma* durch das Erfahren von *karma* zu erschöpfen. Es muss transzendiert werden durch die Verwirklichung des *Ātman*. Dies ist *naiṣkarmyasiddhi*, die Vollkommenheit von *karma* frei zu sein und kein *karma* mehr zu generieren.

Diese Methode der Unterweisung hatte eine große Wirkung auf den Geist des *Brahmacārī*. Ein langer Diskurs über die Transzendierung des *karma* hätte nicht so wirkungsvoll die Botschaft vermittelt als es die Methode des Meisters tat.

Das Feuer der Weisheit beginnt mit einem sehr bewegenden Bericht der ersten Begegnung zwischen Swāmī Abhisihktānanda, der für sich das Pseudonym *Vanya* („einer vom Wald") gebraucht, und Sri Gñānānanda. Es gibt eine sehr tiefe Einsicht in die Bedeutung der *Guru*-Tradition im Hinduismus wie auch in die Qualitäten eines *Guru* und eines Schülers. Dies ist in der Tat das Hauptthema der Kaṭha Upanishad.

Swāmī Abhisihktānanda, ein Benediktinermönch, war als christlicher Missionar nach Indien gekommen, jedoch hatte er sich der Lehre Sri Rāmanas sehr stark zugewandt. Obwohl er den *darśan* Sri Rāmanas gehabt hatte, war ein engerer persönlicher Kontakt mit ihm nicht möglich. Der *Maharṣi* war zu weit weg für ihn, »in einer anderen Welt«, als dass er ihn erreichen konnte. Darüber hinaus war Abhishiktānanda gerade erst aus Europa gekommen und »war (...) noch nicht tief genug nach innen eingedrungen (...) [um] die geheimnisvolle Sprache des Schweigens (...) [zu] verstehen.«[22]

Er liebte es, sich in den Höhlen des Arunāchala aufzuhalten. Doch es fehlte ihm noch die besondere Beziehung zu einem lebenden *Guru*.

In der hinduistischen Tradition wird das *advaitische* Mysterium durch einen *Guru* kommuniziert. Dies ist für einen Christen freilich eine sensible Angelegenheit. Für einen Hindu ist der *Guru* Gott in menschlicher Gestalt, während für einen Christen Gott nur in Jesus Mensch geworden ist. Wie kann ein Christ irgendjemand anderen als seinen *Sadguru* annehmen?

Für Abhishiktānanda führte das zu einer spirituellen Krise. Er war zerrissen zwischen seinen religiösen Überzeugungen als christlicher Mönch und der machtvollen, als inneren Ruf wahrgenommenen Anziehung des *Advaita*.

Er hatte von Harilal Hilfe erhalten, einem Schüler von Sri Rāmana, den er in Tiruvannāmalai getroffen hatte, und auch von dem parsischen Arzt Dinsha Mehta in Bombay, der ein Medium für eine innere Stimme war, die sich als Jesus Christus identifizierte. Aber keiner der beiden war der *Guru* für Abhishiktānanda.

Nach der hinduistischen Tradition kommt der *Guru* dann, wenn der Schüler dazu bereit ist. Abhishiktānanda traf Sri Gñānānanda an diesem krisenhaften Punkt in seinem Leben. Es war wahrhaftig eine Stunde Gottes.

Es war die Begegnung eines qualifizierten Schülers mit einem *Sadguru*, einem lebendigen Zeugen der upanishadischen Tradition.

Abhishiktānanda stellte dem Weisen zwei Fragen. Die erste behandelte die Position Gñānānandas in Bezug auf die höchste Wirklichkeit in den Begriffen der bekannten Schulen der indischen Philosophie:

22 Feuer der Weisheit, S. 49

Wozu sind solche Fragen gut?« antwortete Sri Gñānānanda sogleich. »Die Antwort findest du in dir selbst. Suche in deinem Inneren. Gib dich dem *dhyāna,* der Meditation jenseits aller Formen hin und die Lösung wird dir unmittelbar zuteil.[23]

Sri Gñānānanda wollte Abhishiktānanda vor der Fallgrube bewahren, sich mit seinen Gedanken über die verschiedenen philosophischen Schulen lediglich in der mentalen Ebene zu ergehen. Der Weise lenkte seinen Geist hin zur »mystischen Suche«. Es ist das Selbst, der Ātman, der den nach innen gewendeten, vollkommen an Ihn hingegebenen Kontemplativen erwählt und Sich ihm offenbart: direkt (*sākṣat*) und unmittelbar (*aparokṣa*), das heißt nicht vermittelt durch die Sinne oder das Denken. Es geht nur darum zu SEIN.

Abhishiktānandas zweite Frage befasste sich mit der Frage der Initiation: »Einweihung? Wozu soll die gut sein?« antwortete er wiederum. »Wenn der Schüler noch nicht bereit ist, dann ist eine Einweihung nur Schall und Rauch; wenn er aber bereit ist, dann sind weder Worte noch Zeichen notwendig. Die Einweihung geschieht also von selbst.«[24]

Dies wurde ihm bald darauf zur eigenen Erfahrung.

Die Antwort des Weisen überzeugte Abhishiktānanda davon, dass er jemandem begegnet ist, der die direkte Erfahrung der Wahrheit besaß. Er war zutiefst von dessen spirituellen Qualität beeindruckt. Ebenso sehr wie von der Weisheit des Weisen, war er von seiner kindgleichen Einfachheit angezogen. Er war regelrecht »besessen« von ihm. Abhishiktānanda sagt:

> (...) Er (Vanya) war nur aus Neugierde gekommen, aber die wenigen Worte, die dieser Alte zu ihm gesprochen hatte, waren in sein Herz gedrungen. Sie hatten dort gleichsam Abgründe aufgetan, von denen er bis dahin nichts geahnt hatte.

23 Feuer der Weisheit, S. 45f..

24 Feuer der Weisheit, S. 46

Sie waren wie eine Quelle lebendigen Wassers von unvergleichlicher Süßigkeit in ihm empor- gestiegen. Und doch, alles, was er ihm gesagt hatte, wusste er bereits. (...) Doch soeben war das alles auf eine Weise gesagt worden, die eine unaussprechliche Verbindung zwischen dem Meister und ihm hergestellt hatte, eine Verbindung, die im Inneren dieser beiden Menschen ihren Ursprung hatte. Alles was der Guru gesagt hatte, schien Vanya unmittelbar aus den geheimsten Winkeln seines eigenen Herzens zu entspringen.[25]

Abhishiktānandas innere Abwehr gegen hinduistische devotionale Gebräuche, die er im Tempel oder gegenüber *Gurus* hatte, waren nun wie weggewischt durch seine eigene innere Erfahrung. Er sagt:

»Dieser kurzbeinige Mann mit struppigem Bart, der kaum mehr als einen Lendenschurz trug, dieser Mann, der so plötzlich in sein Leben eingedrungen war, hatte jetzt alles von ihm verlangen können, sogar nackt und auf ewig stumm über die Landstraße zu wandern, und er hätte nicht einmal daran gedacht, von ihm eine Erklärung zu fordern.«[26]

Am 25. Dezember 1955 schreibt er in sein Tagebuch:

»Zum erstenmal habe ich verstanden, was *gurubhakti* und *guruśakti* ist (liebende Verehrung des *Guru* und die Kraft des *Guru*).«[27]

In demselben Kapitel in *Feuer der Weisheit* spricht er beredt über die Bedeutung des *guru-darśan*. Er hatte nun verstanden, was in der hinduistischen Tradition *Guru Tattva* genannt wird. Seine Hingabe ist spontan und vollkommen. Er sagt:

25 Feuer der Weisheit, S. 47f.
26 A.a.O., S. 48
27 Abhishiktānanda, Ascent to the Depth of the Heart – Diary, ISPCK, Delhi, 1998, S. 131.

»Das *darśana* des *Guru* ist der letzte Schritt zum endgültigen *darśana*, bei dem sich auch der letzte Schleier vor der Wahrheit hebt und alle Dualität transzendiert wird. Das ist das wesentliche, das absolute *darśana*, nach dem Indien seit seinen Anfängen sucht, und ›indem es sich selbst offenbart, offenbart es dir gleichzeitig den eigenen geheimen Seelengrund‹.«[28]

Bis jetzt war Jesus Christus der Gott, den er anbetete und der *allein* sein *Sadguru* war. Nun hat er diesen *Sadguru* in Sri Gñānānanda erkannt. Er sagt:

»(...) Warum Christus und meinen *Guru* gegeneinander setzen? Ist mein *Guru* nicht eben die Gestalt, unter der sich Christus meinen Sinnen, meinen Augen, meinen Ohren zeigt, für meine Niederwerfungen, um mir zu helfen, ihn zu erreichen, in der Tiefe meiner Seele, wo er ist, die Er in Wahrheit ist?

Christus ist mir in meinen *Guru* wahrhaftiger nahe als in irgendeiner Erinnerung, die ich von seiner Erscheinung auf Erden haben mag. Die Begegnung mit dem *Guru* ist wahrhaftig eine Epiphanie...

Der Christus der Erinnerung und des Glaubens; Christus manifestiert im *Guru* aus Fleisch – sie sind da um der inneren Manifestation willen, der Begegnung, dem Wiedererkennen.«[29]

Später, am 20. Januar 1956, schreibt er: »Wie seltsam, dass Christus für einen Christen die Gestalt eines shivaitischen *Guru* annehmen kann.«[30] Dieser Nachdruck auf die *Guru*-Tradition ist für den Westen heute besonders relevant.

Hatte sich Abhishiktānanda in Tiruvannāmalai in einem hinduistisches Umfeld bewegt, so ist er in Thapovanam in der Nähe seines

28 Feuer der Weisheit, S. 52

29 Abhishiktānanda, Ascent to the Depth of the Heart, S. 139.

30 J. Stuart, Swāmī Abhishiktānanda. His Life Told Through His Letters, ISPCK, Delhi, 1989, S. 99.

Guru vollkommen in den Hinduismus eingetaucht. Dass er jetzt die *Guru*-Tradition des Hinduismus absorbiert hatte, sieht man aus seinen Reflexionen, die er während eines sechswöchigen Retreats im November/Dezember 1956 im Mauna Mandir (Tempel des Schweigens) in Kumbakonam verfasst hat, wohin er sich zurückgezogen hatte auf den Rat seines *Guru* hin, er möge für eine lange Zeit in *dhyāna* bleiben. Der folgende Text hat die Form eines Gedichts:

> »O mein Geliebter, warum hast Du Dich verborgen unter den Zügen von Śiva und Arunāchala, von Rāmana, dem *ṛṣi*, und von Sadā Śiva, dem nackten Wanderer, um mir Deine Gnade zu geben?
> Ist das Dein göttliches Spiel?
> Du nimmst jede Gestalt an, und Du machst Dich lustig über uns,
> denn Du willst, dass wir Dich suchen jenseits aller Formen!
> Denn es gibt in der Welt keine Form, die nicht die Deine ist,
> die Dich nicht vor dem Unwissenden verbirgt,
> und die Dich nicht dem offenbart, der weiß!
> (...) Du bist Shiva, der Gnädige, Dakṣinamūrti, der Meister der Weisheit, Murugan, der lieblich aussehende Gott, das göttliche Kind, der Sohn Skanda, Vighneśwara, Der die Hindernisse zerstört, Śanmugan mit den sechs Gesichtern, der in jede Richtung blickt.
> (...) Und Du bist es, der Seine Liebesspiele in den Heiligtümern unseres Tamillandes spielt, gefeiert von unseren Heiligen.
> Und Du bist Anbe Śiva, Śiva, der Liebe ist.«[31]

Diese ersten Tage in Thapovanam hatten ihn vollkommen ergriffen. Sri Gñānānanda lud ihn ein, wiederzukommen für ein intensives Retreat, das ausschließlich der Meditation, dem *dhyāna* gewidmet sein sollte.

31 Abhishiktānanda, Ascent to the Depth of the Heart, S. 174-175.

Abhishiktānanda kam zurück im März 1956. Über diese Zeit sagt er, er habe »zwei unvergessliche Wochen bei seinem Guru (verbracht). Es waren Tage des Friedens und der Fülle«[32], gnadenvolle Tage.

Er beschreibt die Nacht im Dorf in dem *Śiva*-Tempel, wo er über die Form des *Śivalinga* meditierte, die gerade den formlosen Aspekt des Absoluten symbolisiert. Das *Sanctum Sanctorum* erinnerte ihn an die Höhle des Herzens (*guhā*) der indischen mystischen Tradition.

In den Gesprächen mit dem Guru waren viele seiner Aussagen Echos der Gedanken der Upanishaden oder der Gītā. In die Worte des Meisters waren oft Zitate der tamilischen mystischen Dichter eingefügt. Detailliert beschreibt Abhishiktānanda, wie Sri Gñānānanda ihn lehrte zu meditieren.[33]

In seiner charakteristischen Weise spricht Sri Gñānānanda über *bhakti* und *gñāna* in Form einer Geschichte. Er gibt die Lehre der Gītā in seinen eigenen Worten wieder, wenn er die vier Arten der Verehrer Gottes beschreibt. Da sind diejenigen, die Erleichterung von ihrem Kummer suchen; diejenigen, die auf weltlichen Reichtum aus sind; diejenigen, die Gott lieben ohne irgendetwas zu erbitten; und die, die Gott als ihr eigenes Selbst erkannt haben.[34]

Dieser vierte ist ein *Jñānī*, ein *bhakta* der höchsten Ordnung. Gott ist für ihn sein eigenes Selbst. Wohin er sieht, sieht er nur Gott, und daher geht er über alle Wünsche hinaus. Abhishiktānanda erkennt in Gñānānanda einen solchen *Jñānī.*[35]

Abhishiktānanda vermittelt eindrücklich die Betonung, die der Weise auf Glauben (*śraddhā*), den intensiven Wunsch nach Befreiung von der Unwissenheit (*mumukṣutva*), die Innerlichkeit oder Nach-Innen-Gerichtetheit und die alles andere ausschließende Hingabe an die Meditation legte.

Sri Gñānānandas Ausführungen zu *Guru Tattva*, der Wirklichkeit des Guru, werden in einem eigenen Kapitel wiedergegeben:

---

32 Feuer der Weisheit, S. 105
33 Feuer der Weisheit, S. 114ff.
34 Feuer der Weisheit, S. 139
35 Feuer der Weisheit, S. 137

Mehrmals befragte Vanya Sri Gñānānanda über die Rolle des Guru. Doch die Antworten bezogen sich immer nur auf den absoluten Guru, der erscheint, wenn wir das Darshana des Ātman bekommen. Jener Guru ist das Licht, welches der Ātman ausstrahlt, wenn er endlich entdeckt wurde. ›Der Guru ist *akhaṇḍa,* ungeteilt‹, wiederholte er. ›Er ist *advaita,* nichtdual. Er allein kann uns ins Wasser springen lassen, er erscheint und manifestiert sich erst, wenn wir hinabtauchen! Der andere ist die *guru-mūrti,* der Guru in seiner sichtbaren Manifestation, der dem Schüler nur den Weg weisen kann.‹[36]

Die *Guru-mūrti* ist die menschliche Form, in der Brahman, das Absolute, Gott, das *Ich bin,* Sich manifestiert, um den Schüler aufzuwecken zu seinem wahren, unbegrenzten Selbst.

Das Wort *Guru* bedeutet »einer, der die Dunkelheit der Unwissenheit beseitigt«. Die uranfängliche Unwissenheit wird zerstört durch *akhaṇḍakara vṛtti*, die Bewusstseinsform, welche die Ungeteiltheit des Seins, worin das unbegrenzte Selbst leuchtet, herbeiführt. Daher besteht der wahre *darśan* des *Guru* in diesem *akhaṇḍakara vṛtti*, wenn der geistige Zustand der der ungeteilten Fülle des *Ātman* ist. Sadguru Gñānānanda liebte stets diesen Vers der Ribhu Gītā über das *Guru Tattva*:

> Ehre sei dem *Sadguru*, der in der non-dualen *akhaṇḍakara vṛtti* leuchtet als *Es Ist*, ohne eine Spur der drei *guṇas*!
>
> Ehre sei dem *Sadguru*, der die uranfängliche Unwissenheit und dessen Auswirkungen beseitigt hat durch das Höchste Wissen Dieses Transzendenten *Brahman*, das *akhaṇḍa* ist, unbegrenzt, ungeteilt und vollkommen rein!
>
> Ehre sei dem Höchsten *Guru*, der das Unveränderliche Ewige ist, der jenseits aller Meditationen ist als Das, was makellos ist.
>
> Ehre, Ehre sei dem Höchsten Guru, der Dieses Aus-sich-sei-

36 Feuer der Weisheit, S. 137.

ende Absolute Sein ist, *Sat*, das Eine ohne ein Zweites, Wesen und Grundlage von allem!«[37]

Daher ist die Verwirklichung des Selbst die Schau Gottes, die identisch ist mit dem *darśan* des *Guru*. Dies ist eine sehr einfache, aber sehr tiefgründige Erklärung der *advaitischen* Einsicht, welche *Guru Tattva* ist. Nach Abhishiktānanda war dies die Hauptlehre Gñānānandas.

Gñānānanda erklärte ihm das Mysterium des *Guru* mit Gleichnisgeschichten. Der *Guru* sei wie ein Fährmann, der einen zum anderen Ufer hinüberbringt, aber nur, wenn man alles Gepäck zurücklässt. Abhishiktānanda hält, davon angeregt, in seinem Tagebuch fest:

> Solange es einen Gedanken an sich selbst gibt, und sei es der bestmögliche, dann heißt das, dass das, was verschwinden muss, damit das ungeteilte Licht [*akhaṇḍa jyoti*] in der Tiefe des Herzens aufscheint, noch nicht verschwunden ist.
> *Meinem* Gott entsagen, was nicht heißt, Gott zu entsagen.
> *Meiner* Freude entsagen, was nicht heißt, der Freude zu entsagen.
> *Meinem* Frieden entsagen, was nicht heißt, dem Frieden zu entsagen.
> *Meiner* Entsagung entsagen.[38]

Gñānānanda war eins mit dem Selbst von allem, *sarvātmabhava*, wie es im Sanskrit heißt. Daher verkörperte er grenzenlose Liebe. Abhishiktānanda erinnert sich:

> Gñānānandas ganzes Wesen strahlte eine wunderbare, reine Liebe aus – sie umfing jeden völlig und blieb doch immer persönlich. Diese Freude, sich von ihm geliebt zu fühlen, bewirkte eine starke innere Loslösung, denn wer träumt nicht davon, vor allen anderen geliebt zu werden? Doch gleichzeitig

37 Ribhu Gītā, Kpt. 44,19 (übersetzt nach der englischen Übersetzung Swāmī Nityānandas aus dem Tamilischen).

38 Abhishiktānanda, Ascent to the Depth of the Heart, S. 147.

umhüllte diese Liebe jeden einzelnen in ihrer ganzen Fülle. Es schien, als seien bei ihm alle Unterschiede (*bheda*) verschwunden, verflogen. Er erkannte unmittelbar das wahre Wesen, das Selbst, den Ātman eines jeden Menschen.[39]

In seinem Zustand von *sarvātmabhava* schloss Sadguru Gñānānanda nicht nur alle Traditionen ein, sondern transzendierte sie auch alle. Er war eins mit dem Selbst aller, die zu ihm kamen. Für jeden Devotee spiegelte er dessen eigene Tradition wider, während er ihn zugleich mit seiner Gnade segnete, selbst über diese hinauszugehen.

Daher kamen Menschen aller Religionen zu ihm. Selbst Atheisten wurden von seiner Liebe angezogen und durch seine Gnade verwandelt. Kurz, er repräsentierte die ganze Bandbreite des Hinduismus in seiner Person und seiner Lehre.

Sri Gñānānanda nahm immer Bezug auf die ununterbrochene Folge von spirituellen Meistern, angefangen mit Gott als oberstem Guru (*Adi Guru*), und auf deren Tradition, ihren überlieferten Liedern, Schriften und Geschichten. Man muss der Tradition genauso in Liebe zugetan sein wie dem *Guru*. Nur dann ist man in der Lage, sich auf den *Guru* einzustimmen. Er ist die Verkörperung des Wissens, das durch die Tradition weitergegeben wird.

Auf die Empfehlung Swāmī Abhishiktānandas kam einmal ein Jesuiten-Priester, um den *darśan* Sri Gñānānandas zu suchen. Er sagte ihm, er fühle sich zum *Advaita* hingezogen und fragte, ob es für ihn nötig sei, Hindu zu werden, um seine spirituelle Praxis in dieser Richtung weiter zu verfolgen. Sri Gñānānanda wies ihn an, dass es ganz und gar nicht nötig sei, seine Religion zu wechseln. Vielmehr sollte er so tief in seine eigene Religion hineingehen, auf dass er sie auf dem Gipfel der spirituellen Erfahrung des *Ich Bin* transzendiere. Der Jesuitenpriester wurde später ein bekannter Zen-Meister.

Swāmī Abhishiktānanda hatte von dem Weisen gelernt, dass der Aspekt der Selbsttranszendenz in jeder großen Religion gefunden werden kann. Er sagt:

---

39 Feuer der Weisheit, S. 137

> Jede Religion (*dharma*) ist für ihre Anhänger die auserwählte Vermittlerin der Forderungen des Absoluten. Und doch enthält sie hinter und jenseits der Namen und Formen (*nāmārūpa*), der äußeren Merkmale wie Glaubensformen, Riten, Mythen, usw., die sie erkennbar machen und die ihre Weitergabe ermöglichen, einen Aufruf zu ihrer eigenen Überwindung in sich, weil sie in ihrem tiefsten Wesen ein Zeichen des Absoluten ist. So vollkommen eine Religion auch sein mag, sie bleibt doch immer unvermeidlich auf der Ebene des Zeichens. Sie kann nicht immer diesseits der letzten Wirklichkeit bleiben, sowohl in ihren Strukturen und institutionellen Formen wie in ihren Versuchen, die unfassbare Wirklichkeit in mythische oder begriffliche Formulierungen zu fassen. Das Mysterium, das sie offenbart, geht auf allen Seiten über sie hinaus. Ähnlich wie ein gespaltenes Atom explodiert auch der innere Kern jedes *dharma*, wenn der Lichtstrahl des Erwachens in die abgründige Tiefe des menschlichen Bewusstseins eindringt. Die wahre Größe einer Religion besteht eben in diesem Übersteigen ihrer Selbst, das sie in sich trägt.[40]

Einmal kam ein junger Muslimjunge zu Sri Gñānānanda, der von seiner göttlichen Liebe angezogen wurde. Erwachsen geworden, wurde er Arzt. Eines Tages forderte ihn der Weise auf, immer bevor er nach Thapovanam käme, den berühmten Vishnutempel in Tirukoyilur zu besuchen. Der Arzt befolgte treu die Anweisung. Er war erfreut, als der Weise ihm offenbarte, dass er in seinem früheren Leben ein Hindu gewesen sei, der Vishnu verehrt hatte. Er blieb ein frommer Muslim, aber er ist auch ein frommer Vishnuit geworden! Er machte große Fortschritte in seinem spirituellen Leben.

M. Pandit, der große Gelehrte des Aurobindo Āśram in Pondicherry sagt:

---

40 Abhishiktānanda, Die Spiritualität der Upanishaden, S. 170f.

> In einer der ältesten Upanishaden gibt es eine Beschreibung eines Menschen, der das Göttliche Selbst verwirklicht hat, aber nicht darin verloren ist; er ist *ātmakriḍaḥ*, einer, der mit dem Selbst scherzt, *ātmamithunaḥ*, einer, der das Selbst als Gefährte hat, *ātmānanda*, einer, dessen Seligkeit im Selbst ist. Wohin immer er schaut – wenn er ein Kind ansieht, eine Pflanze, eine Blume und ein Tier –, er sieht allein das Selbst, er lebt und freut sich im Selbst, *ātmaratiḥ*. Swāmī Gñānānanda ist so jemand, der aus den Seiten der Upanishaden herausgestiegen ist. Er zeigt durch sein Leben tiefe Wahrheiten auf, die ohne solch leuchtende Gestalten wie er, die diese gefüllten Begriffe verkörpern, eitle Phrasen bleiben.[41]

Die Worte des Swāmī enthielten stets Anklänge an Aussagen aus den Upanishaden. Abhishiktānandas Bericht enthält daher zu Recht viele Bezugnahmen auf die Upanishaden. Der französische Mönch war bereits mit ihnen vertraut, Sri Gñānānanda steigerte seinen Appetit noch. Mit großer Bewegung schreibt Abhishiktānanda:

> Ich hatte die Gnade, Rāmana und Gñānānanda zu begegnen, (...) und es war in der Tat zu ihren Füßen, dass ich etwas über die Upanishaden gelernt habe.[42]

Er weist hin auf die universale Intuition, die in den Upanishaden gelehrt wird:

> (D)er Hintergrund, auf dem sich die Upanishaden entwickelt haben, (ist) unvergleichlich viel universaler als derjenige der Bibel und sogar des Evangeliums, denn Jesus ist eine historische Person und ohne eine Beziehung zu seiner Person über die Zeiten hinweg ist kein Christentum möglich. Der Rishi

41 Sri Gnanananda Adhisthana Rajagopura Mahakumbhabhisheka Souvenir, 1989, S. 15; Ansprache im Bharatiya Vidya Bhavan in Madras am 9. Juni 1979.

42 J. Stuart, Swāmī Abhishiktānanda. His Life Told Through His Letters, Delhi (ISPCK) 1989, S. 245.

der Upanishaden hat ebenso wenig wie der Buddha eine Persönlichkeit, der er Bedeutung beimisst, oder eine Geschichte, mit der man ihn in Beziehung setzen muss. Die Entdeckung des Buddha ist die Entdeckung eines jeden Menschen, die Entdeckung des Rishi ist für jeden zugänglich, der bereit ist, der inneren Suche nachzugehen und der sich wirklich nach Befreiung sehnt.[43]

Die Botschaft der Upanishaden sei für die gegenwärtige Zeit höchst relevant:

> »(D)ie Zeit der Upanishaden (ist) unserer Zeit in geistiger Hinsicht sehr ähnlich. Ebenso wie heute war es eine Epoche, wo alles in Frage gestellt wurde, der Wert der Riten, der Sinn der Mythen, selbst die theologische Rede, die nicht auf die Intuition und auf die Erfahrung hinzielt, wurde der Kritik unterzogen.«[44]
>
> »Die Meditation über die Upanishaden macht mir immer brennender bewusst, welche Transformation die Kirche und tatsächlich alle Religionen durchlaufen müssen. Das Zeitalter der Religionen (...) ist vorbei.«[45]

Im vorliegenden Buch betont Abhishiktānanda die Bedeutung des *Guru darśan*:

> Die Begegnung mit dem Guru ist eine wesentliche Begegnung, der entscheidende Wendepunkt im Leben eines Menschen.[46]

Dies erwies sich in seinem Fall als zutreffend. Einige Jahre nach der Begegnung mit Gñānānanda verließ Abhishiktānanda seinen

43 Abhishiktānanda, Die Spiritualität der Upanishaden, München (Diederichs) 1994, S. 135.

44 A.a.O., S. 133.

45 J. Stuart, Swāmī Abhishiktānanda. His Life Told Through His Letters, Delhi (ISPCK) 1989, S. 307.

46 Feuer der Weisheit, S. 50

Śāntivanam Āśram, ging in den Norden und baute sich eine Einsiedelei in Gyansu bei Uttarkāshi, am Ufer des Ganges. Er war angezogen von der Einsamkeit des Himālaya und tauchte ein in die Meditation der Upanishaden. In seinen Aufsätzen über *Sannyāsa* und die Upanishaden finden wir den tiefen Einfluss Sri Gñānānandas und seiner Lehren.

Am 15. August 1973, als er sein 25. Jahr in Indien vollendete, schreibt er in einem Brief:

> »Welch ein Segen, diesen Schritt gemacht zu haben, auch wenn ich nicht wissen konnte, was mich hier erwartete. Was mich hier erwartete, war die wundervolle Entdeckung des so einfachen und wundervollen ›*aham asmi*‹ (Ich bin)! (...) *etad vai tat* – ›Dieses, eben Dieses‹ – aber niemand mehr, der es sagen könnte!«[47]

Ähnlich klingt es in einem anderen Brief:

> »Ja, wenn man dieses verbrennende, verheerende *Ich bin* gefunden hat, dann kann man nicht einmal mehr sagen: *Gott ist* – denn wer *ist* noch da, um von Gott zu reden? Dies ist die große Gnade Indiens, die uns im Herzen des Evangeliums das ›*Ich bin*‹ entdecken lässt. Möge die verheerende Freude dieses ›*Ich bin*‹ Deine Seele erfüllen!«[48]

Er stellt heraus, dass Sein reines Bewusstsein und Glückseligkeit des Unendlichen ist:

> »Ich glaube wirklich, dass die Offenbarung des *aham* (Ich) vielleicht der zentrale Punkt der Upanishaden ist, und dies schafft den Zugang zu allem; das ›Wissen‹, dass alles ›Wissen‹

47 J. Stuart, Swāmī Abhishiktānanda. His Life Told Through His Letters, Delhi (ISPCK) 1989, S. 338.
48 A.a.O., S.293f.

offenbart. Weder Gott, noch Jesus, überhaupt nichts wird gewusst außerhalb dieses fürchterlich ›massiven‹ *aham*, das *ich bin*. Nur dadurch erhält jede wahre Lehre ihren Wert.«[49]

»Nur in der Entdeckung dieses *Ich bin* wird man Christus begegnen, aber nicht länger als eine Erinnerung schöner theologischer Ideen, sondern in seinem eigenen Mysterium, das *man selbst ist*.«[50]

»Der Christus, den ich präsentieren könnte, wird einfach das *Ich bin* im Herzen meines (jedes) Herzens sein, der sich zeigen kann im tanzenden Shiva und im liebenden Krishna! Und das Reich [Gottes] ist eben diese Entdeckung (...) Das Erwachen ist eine totale Explosion. Keine Kirche wird danach mehr ihren Christus oder sich selbst wiedererkennen.«[51]

Abhishiktānanda war vollkommen offen für die Gnade seines *Guru*. Mit großer Hingabe ›trank‹ er sozusagen seinen *Guru* mit Augen und Ohren, aufmerksam jede Bewegung wahrnehmend und treu jedes Wort erinnernd. Er sagt selbst über sein Buch:

»Mein *Gñānānanda* [Titel der frz. Originalausgabe] ist vollständig wahr. Ich habe mich darin nicht auf den Meister projiziert.«[52]

»Es ist verschieden von den anderen Büchern und bietet das Beste der indischen Erfahrung, ohne Vergleiche zu ziehen noch Werturteile abzugeben.«[53]

»Von allem, was ich geschrieben habe, ist *Gñānānanda* das einzige, was Gültigkeit behält.«[54]

Aufgrund seiner vollkommenen Transparenz und der großen Relevanz seines Inhalts kann dieses Buch als eines der besten

49 A.a.O., S. 356.
50 A.a.O., S. 342.
51 A.a.O., S. 350.
52 A.a.O., S. 271.
53 A.a.O., S. 271.
54 A.a.O., S. 265.

spirituellen Dokumente des 20. Jahrhunderts gelten. Es verkündet die zeitlose Botschaft der Upanishaden, wie sie von dem großen Weisen aus dem Osten gelehrt wurde. Seine Neuherausgabe im Deutschen begrüße ich mit großer Freude.

Swami Nityānanda Giri

Glossarium

advaita	Nichtdualität
agni-hotra	Feueropfer, das morgens und abends im Haus eines Brahmanen dargebracht wird
Agrahāram	Brahmanendorf oder -straße
ahamkāra	das Ich, das Ego
Ajñāna	das Unwissen, die Nichtweisheit
ākāśa	Äther, leerer Raum; das feinste der fünf Elemente
akhaṇḍa	ungeteilt
akṣara	was nicht aufhört, unvergänglich
ānanda	Freude, Glückseligkeit
añjali	eine Grußgeste, bei der man die Hände gefaltet vor die Brust, die Stirn oder über dem Kopf hält
ārati	rituelles Opfer der Flamme; der Priester schwenkt die Flamme vor dem Gottesbild oder der Person, die verehrt wird, als Teil der Pūjā
Arunāchala	der Berg bei Tiruvannamalai; auf Sanskrit heißt *acala* der Berg, wörtlich »was sich nicht bewegt«, und *aruṇa* heißt Morgenröte; er gilt als ein von Shiva selbst errichtetes Li*ṅ*ga.
asparśa	unberührt
asura	Dämon
Ātman	das Selbst des Menschen, sein eigentliches Wesen; das Lebensprinzip von allem Sein; Parama-Ātman ist das Höchste Selbst, Gott
avatāra	Herabstieg; eine Inkarnation Gottes auf Erden
Bhagavān	der Herr (Gott); wird auch als Anrede an besonders heilige und verehrte Menschen gebraucht; Sri Ramana Maharshi wurde von seinen

	Verehrern im allgemeinen so angesprochen
bhajan(*a*)	Lieder und Hymnen zur Ehre Gottes; auch: Gebet
Bhakta	ein Verehrer Gottes, Gläubiger
Bhakti	Liebe zu Gott, verehrende Hingabe
bheda	Unterschied
bhikṣā	Almosen an einen Mönch
Brahman	das höchste Prinzip, die Absolute Wirklichkeit, das Absolute
dakṣiṇa	Süden; Dakshinamūrti: Shiva als Guru, der, nach Süden blickend, die Weisheit schweigend lehrt
dakṣiṇā	Gabe an die Priester oder an einen Guru
Darshana (*darśaṇa*)	der Anblick, die Vision; die Begegnung mit einem Heiligen, dem Guru; die Erfahrung Gottes; sonst auch: philosophisches System Gottes
deva	»Gott«; Kräfte, die die makro- und mikrokosmische Ordnung beherrschen; Personifikationen der göttlichen Macht, die im Universum wirkt
Dhoti	übliches Kleidungsstück der Männer, besonders in Südindien. Es ist ein langes weißes Baumwolltuch, das man um die Hüfte wickelt; es reicht bis zu den Füßen
dhyāna	Meditation, Innenschau
dīkṣā	rituelle Einweihung durch einen Guru
dvaita	Dualität
Gāyatrī-Mantra	ein Mantra des Rig Veda, das wichtigste Gebet der Brahmanen
guhā	Höhle; symbolisch: die Höhle des Herzens
hṛdaya-granthi	»Knoten des Herzens« *(hṛd, hṛdaya* – Herz); bildlicher Ausdruck der Upanishaden für die inneren Komplexe des Menschen, die ihn an der Selbstverwirklichung hindern
Īshvara (*īśvara*)	der Herr, persönlicher Gott

japa	Murmelgebet; die ständige Wiederholung eines göttlichen Namens oder eines Mantra
Jñāna	die Weisheit, die Erfahrung Gottes; Ātma-Jñāna: Verwirklichung des Selbst
Jñānī	ein Weiser; jemand, der Gott erfahren hat, der das Selbst verwirklicht hat
jyoti	Licht
kāraṇa-guru	der sichtbare, menschliche Guru *(karaṇa* -Mittel, Instrument, Vermittlung) im Gegensatz zum *sad-guru,* Gott selbst
Kailas	hoher Berg im Himalaya; in der Mythologie der Wohnsitz Shivas
Karma	Tun, Handlung; Ritus; das Ergebnis, die Folge guter und schlechter Taten früherer Geburten
Kartika	ein Monat im indischen Kalender (im Oktober/November); in der Vollmondnacht dieses Monats wird auf dem Gipfel des Arunāchala ein großes Feuer entzündet, das als Feuerlinga verehrt wird
Kumbhamela	*mela* ist ein Jahrmarkt; Kumbhamela ist ein religiöses Fest, das alle 6 bzw. 12 Jahre an einem bestimmten Wallfahrtsort stattfindet und zu dem sich Hunderttausende bis Millionen von Pilgern versammeln
kṣetra	ein heiliger Ort (ursprüngliche Bedeutung: Feld)
līlā	Spiel; oft gebraucht im Sinne von: das Spiel Gottes in seiner und durch seine Schöpfung, Gottes unergründliche Zeichen seiner Liebe und Vorsehung
Linga (*liṅga*)	Zeichen; besondere Bedeutung: ein zylindrischer Stein, der in den Tempeln (auch in der Natur) als Symbol Shivas verehrt wird.
mahāsamādhi	Tod eines Heiligen oder Yogi; letzte Stufe der Versenkung

Maheshvara	*Mahā-Īśvara,* der Höchste Gott
manas	das Denkvermögen
Mandapa	Säulenhalle im Innern eines Tempels
Mantra	»Werkzeug des Geistes«, ein Spruch aus dem Veda; ein kurzes Gebet; eine Zauberformel
māyā	die unbestimmbare und in einem gewissen Sinn »illusorische« Wirklichkeit der Welt; die rätselhafte Macht Gottes
mokṣa	das Heil; die endgültige Befreiung, die dem Kreislauf der Wiedergeburten ein Ende macht
mudrā	symbolische Geste der Hände
mūrti	Bild, Manifestation; die Gottesbilder in den Tempeln
naivedyam	Speise, die bei der Pūjā der Gottheit rituell geopfert worden ist
namaskāram	Gruß mit gefalteten Händen; auch das körperlange Hinstrecken auf dem Boden als Zeichen der Ehrfurcht
nāstika	Atheist, Ungläubiger; jemand der sagt »Gott *ist nicht* (*na-asti*)«
Naṭarāja	Shiva als Gott des Tanzes
Parameshvara	*Parama-Īśvara,* der Höchste Gott
Perumal (Tamil)	ein Name Shivas
Pongal	Erntefest im Frühjahr
pradakṣiṇa	Gang (im Uhrzeigersinn) rund um ein Gottesbild oder ein Shivalinga als Teil ritueller Verehrung, bei dem die rechte Körperseite immer dem Heiligtum zugewandt ist
prakāśa	Licht, Glanz
prāṇa	Atem; das Prinzip des Lebens im Menschen (vgl. lat. *spiritus,* griech. *pneuma,* die etymologisch die Vorstellung des Atems enthalten)
praṇava	»Summton«, die heilige Silbe OM
prāṇāyāma	Atemkontrolle als Teil yogischer Askese

prasāda	Gnade, Gunst; geopferte Speise, die dem Opfernden zurückgegeben wird; alles was von einem Heiligen kommt
Pūjā	die rituelle Opfer- und Verehrungsfeier vor einem Gottesbild oder einer Gottesstatue zu Hause oder in einem Tempel
Purāṇa	heiliger Text, Sammlungen von Mythologien, die die Taten der Götter und ihre Lehren erzählen
pūrṇa	voll, Fülle (vgl. griech. *pleroma*)
puruṣa	der kosmische Urmensch, das geistige Prinzip im Menschen
Rishi (*ṅṣi*)	Seher, Weiser; die heiligen Autoren der Upanishaden und anderer Weisheitsbücher; Sri Ramana erhielt den Ehrentitel »Maharshi« – der große Rishi
rūpa	Form (das Gegenteil ist *arūpa)*
śabda	Laut, Wort
Śabda-Brahman	»Laut-Brahman«, das allen bedeutungsvollen Lauten immanent ist und besonders allen Worten mit einem spirituellen Inhalt
sādhaka	Asket, Gottsucher, Meditation Übender
sādhana	Askese, spirituelle Übungen
Sādhu	Mönch, frommer Mann
samādhi	Versenkung, Ekstase; die letzte Stufe der yogischen Meditation; auch das Grab eines Heiligen
sandhyā	Verbindung, Begegnung; der Augenblick des Zusammentreffens von Tag und Nacht
sandhyā-vandana	der Ritus, der beim Sonnenaufgang und -untergang gefeiert wird
sannyāsa	Asketentum, der Mönchsstand, Zustand der Weltentsagung
sannyāsī	Mönch, Wanderasket
śarīra	Körper

Shakti (*śakti*)	göttliche Energie, Gottes schöpferische Kraft, oft als eine Göttin (z. B. Pārvatī) personifiziert
Shiva	dieser Gottesname ist von *śiva* – gut, gnädig – abgeleitet
siddhi	wunderbare Kraft, übernatürliche Fähigkeiten
śloka	Vers, Strophe einer Hymne
śraddhā	Glaube, Vertrauen
sūkta	vedische Hymne
tapas	wörtlich: Hitze; übertragen: Inbrunst, Askese
Upanishad (Upaniṣad)	eine größere Anzahl von Schriften, die nach dem Veda entstanden sind und die letzten Wahrheiten der Metaphysik und der Mystik behandeln; sie gehören zu den heiligen Offenbarungsbüchern des Hinduismus
vana (*vanam*)	Wald, Hain
Veda	vier Sammlungen von Hymnen, Gebeten und Weisheitslehren; die heiligen Offenbarungsbücher des Hinduismus
Venkatarama	der Name, den Sri Ramana Maharshi als Kind hatte
vidyā	Kenntnis, Weisheit (das Gegenteil ist *avidyā*)
yantra	heiliges Diagramm

Ausgewählte Bibliographie

1. Werke Henri Le Saux/Swami AbhishiktÁnandas in deutscher Sprache:

Das Geheimnis des heiligen Berges. Als christlicher Mönch unter den Weisen Indiens. Aus d. Franz. von Matthias Vereno. Mit e. Einl. von Odette Baumer-Despeigne u. Bettina Bäumer u.e. Nachw. d. Übers., Freiburg im Breisgau u.a. (Herder) 1989 (Souvenirs d'Arunachala, 1978).

Die Gegenwart Gottes erfahren. Erneuerung christlichen Betens in Begegnung mit dem Hinduismus, Mainz (Grünewald) 1980 (*ń*veil à soi – *ń*veil à Dieu: essai sur la prière, 1971).

Die Spiritualität der Upanishaden. Aus d. Franz. übers. von Bettina Bäumer, München (Diederichs) ^{3}2005 (Initiation à la spiritualit*ń* des Upanishads „Vers l'autre rive", 1979).

Die Eremiten von Saccidananda. Ein Versuch zur Integration der monastischen Überlieferung Indiens. Übers. von Monika Mayr und Matthias Vereno, Salzburg (Müller) 1962.

Wege der Glückseligkeit. Begegnung indischer und christlicher Mystik. Dt. Übers. von Reinhold Schein, München (Kösel), 1995 (Saccidananda, 1974).

Innere Erfahrung und Offenbarung. Theologische Aufsätze zur Begegnung von Hinduismus und Christentum. Mit einer Einführung von Jacques Dupuis, S.J. (†), hg. von Christian Hackbarth-Johnson, Bettina Bäumer und Ulrich Winkler, aus dem Franz. und Engl. übers. von Christian Hackbarth-Johnson [Die frz. Originalausgabe: Henri Le Saux, O.S.B./ Swami Abhishiktananda, Intériorité et révélation. Essais théologiques, éd. Présence: Sisteron 1982, wurde durchgesehen und erweitert], Innsbruck (Tyrolia Verlag) 2005.

2. Werke Henri Le Saux/Swami AbhishiktÁnandas in anderen Sprachen

Ascent to the Depth of the Heart. The Spiritual Diary (1948-73) of Swami Abhishiktananda (Dom H. Le Saux). A selection, edited with introduction and notes, by Raimon Panikkar. English translation by David Fleming and James Stuart, Delhi (ISPCK) 1998 (im Vergleich mit dem Original überarbeitete Übersetzung der frz. Ausgabe).

Écrits, Paris (Albin Michel) 1991.

Swami Abhishiktananda. Essential Writings, hrg. von Shirley Du Boulay, Maryknoll/NY (Orbis Books) 2007

Éveil à soi, éveil *à Dieu: essai sur la prière*, Paris (OEIL) 1986.

Hindu-Christian Meeting Point – Within the Cave of the Heart, Bombay (IIC), Bangalore (CISRS)/Delhi (ISPCK) 1969/ 3. rev. Aufl. 1997.

Initiation à la spiritualité des Upanishads: «Vers l'autre rive», Sisteron (Éd. Présence) 1979.

Intériorité et Révélation. Essais théologique, Sisteron (éd. Présence) 1982.

La montée au fond du coeur. Le journal intime du moine chrétien – sannyasi hindou 1948- 1973. Sélection avec introduction et notes de R. Panikkar avec la collaboration de l'Abhishiktananda Society, Paris (O.E.I.L.) 1986.

La rencontre de l'hindouisme et du christianisme, Paris (Le seuil) 1966.

Lettres d'un sannyasi chrétien à Joseph Lemarié, Paris (Cerf) 1999

Saccidananda: A Christian Approach to Advaitic Experience, Delhi (ISPCK) 1974/1990.

Sagesse hindoue mystique chrétienne. Du Védanta à la Trinité, Paris (Centurion) 1965/1991 (2. Aufl. neu übersetzt aus der englischen Ausgabe, [*Saccidananda,* 1974]).

3. Weiterführende Literatur:

Bettina Bäumer, *Henri Le Saux – Abhishiktananda*, in: G. Ruhbach, J. Sudbrack, *Große Mystiker. Leben und Wirken,* München (C.H. Beck) 1984, S. 338-354.

Shirley Du Boulay, *The Cave of the Heart. The Life of Swami Abhishiktananda*, Maryknoll/NY (Orbis Books) 2005.

André Gozier, *Un éveilleur spirituel, Henri Le Saux. Un moine à la rencontre des Upanishads*, Magny-les-Hameaux (Soceval) 2004.

Christian Hackbarth-Johnson, *Interreligiöse Existenz. Spirituelle Erfahrung und Identität bei Henri Le Saux (O.S.B.)/Swami Abhishiktananda*, Frankfurt e.al. (Peter Lang) 2003.

James Stuart, *Swami Abhishiktananda. His life told through his letters*, Delhi (ISPCK) ²1998.

James Stuart, *Le bénédictin et le grand éveil. La vie en Inde et le cheminement du P. Henri Le Saux /Swami Abhishiktânanda) 1910-1973, à travers ses lettres.* Trad. franç. par R.M. Salen, Paris (R. M. Salen, Diff.: Maisonneuve) 1999.